U0491149

图书在版编目(CIP)数据

跟着 Wolly 游杭州 / 蜗乐居工作室著绘 . -- 重庆：重庆大学出版社，2024.6
(纸上大中华丛书)
ISBN 978-7-5689-3871-6

Ⅰ.①跟… Ⅱ.①蜗… Ⅲ.①杭州—概况—儿童读物 Ⅳ.① K925.51-49

中国国家版本馆 CIP 数据核字 (2023) 第 083409 号

纸上大中华丛书
跟着 Wolly 游杭州
GEN ZHE WOLLY YOU HANGZHOU

蜗乐居工作室　著绘

策划编辑：张菱芷　　责任编辑：刘雯娜
书籍装帧：隋文婧　　封面插画：顾佳华
责任校对：关德强　　责任印制：赵　晟

重庆大学出版社出版发行
出版人：陈晓阳
社址：重庆市沙坪坝区大学城西路 21 号　　邮编：401331
电话：(023)88617190　88617185(中小学)　　传真：(023)88617186　88617166
网址：http://www.cqup.com.cn　　邮箱：fxk@cqup.com.cn(营销中心)
全国新华书店经销
天津裕同印刷有限公司印刷

开本：787mm×960mm　1/16　印张：8　字数：189 千
2024 年 6 月第 1 版　2024 年 6 月第 1 次印刷
ISBN 978-7-5689-3871-6　定价：68.00 元

本书如有印刷、装订等质量问题，本社负责调换
版权所有，请勿擅自翻印和用本书
制作各类出版物及配套用书，违者必究

致所有终将启程的孩子

Wolly 个人小档案

年龄 永远 5 岁

性别 不详，大部分时候是小男生

星座 热情冲动的白羊

血型 爱挑战的 B 型

特征 拥有和脑洞一样大的眼睛

爸塞螺，Wolly 的老爸

梦想 穿越时空，结交古今大咖。

搭一架 C919 飞上蓝天!

爱好 最爱旅行探险,在旅途中吃喝玩乐。因为自己速度慢,所以喜爱各种交通工具。最近沉迷于滑雪。

Like!

Journey

太和殿的冒险经历真是难忘!

宋朝的四司六局果然名不虚传!

杭州？

我当然知道
不是**航粥**！

你吃过西湖醋鱼吗?

是有

西湖的 杭州！

目录

01 "老爷爷"的新生活

02 我来这里当皇帝

吴越国　　8
◎ 吴越国的都城　◎ 钱氏家训

六和塔　　12
◎ 双套筒　◎ 大潮
◎ 钱塘江大桥

南宋　　22
◎ 临安

御街　　26
◎ 四司六局　◎ 茶坊
◎ 北瓦

岳王庙　　34
◎ 岳飞

03 美丽的西湖

西湖　　40
- 白堤　断桥　苏堤
- 三潭印月　小瀛洲

龙井　　62
文澜阁　　66
- 四库全书

西泠印社　　72
灵隐寺　　76
- 济公殿

飞来峰　　84
- 石像　酸雨

04 古今变奏曲

幸福感第一　　95
南宋官窑博物馆　　98
- 五大名窑

浙江省博物馆　　104
- 玉琮王　富春山居图
- 二维码

"云"城市　　114
- 城市大脑

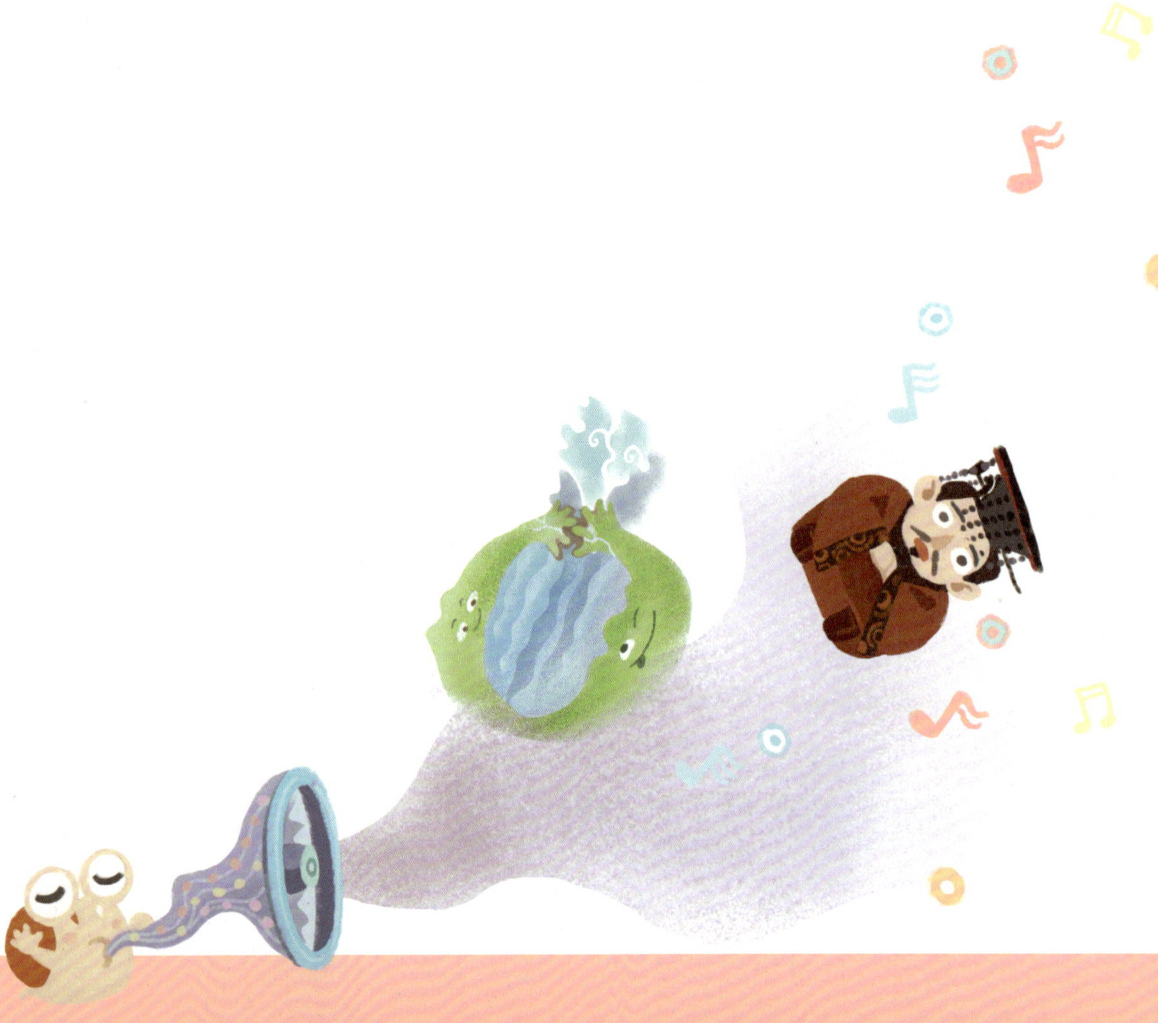

CHAPTER 01

"老爷爷"的新生活

杭州是秦朝的钱唐县，是南宋的都城临安……上千岁的杭州城可算是不折不扣的"老爷爷"了！不过，古老的杭州在今天的发展中依然"健步如飞"。

杭州在中国的南方,隶属浙江省。
浙江有很多很多城市,但杭州是其中超级厉害的城市之一,
因为它不仅是浙江的省会,也是长三角地区的重要中心城市。

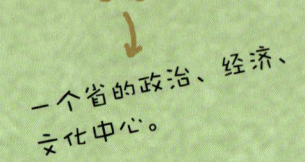

一个省的政治、经济、
文化中心。

从地图上看,杭州就像一只手,
紧紧握着喇叭形的杭州湾。

杭州

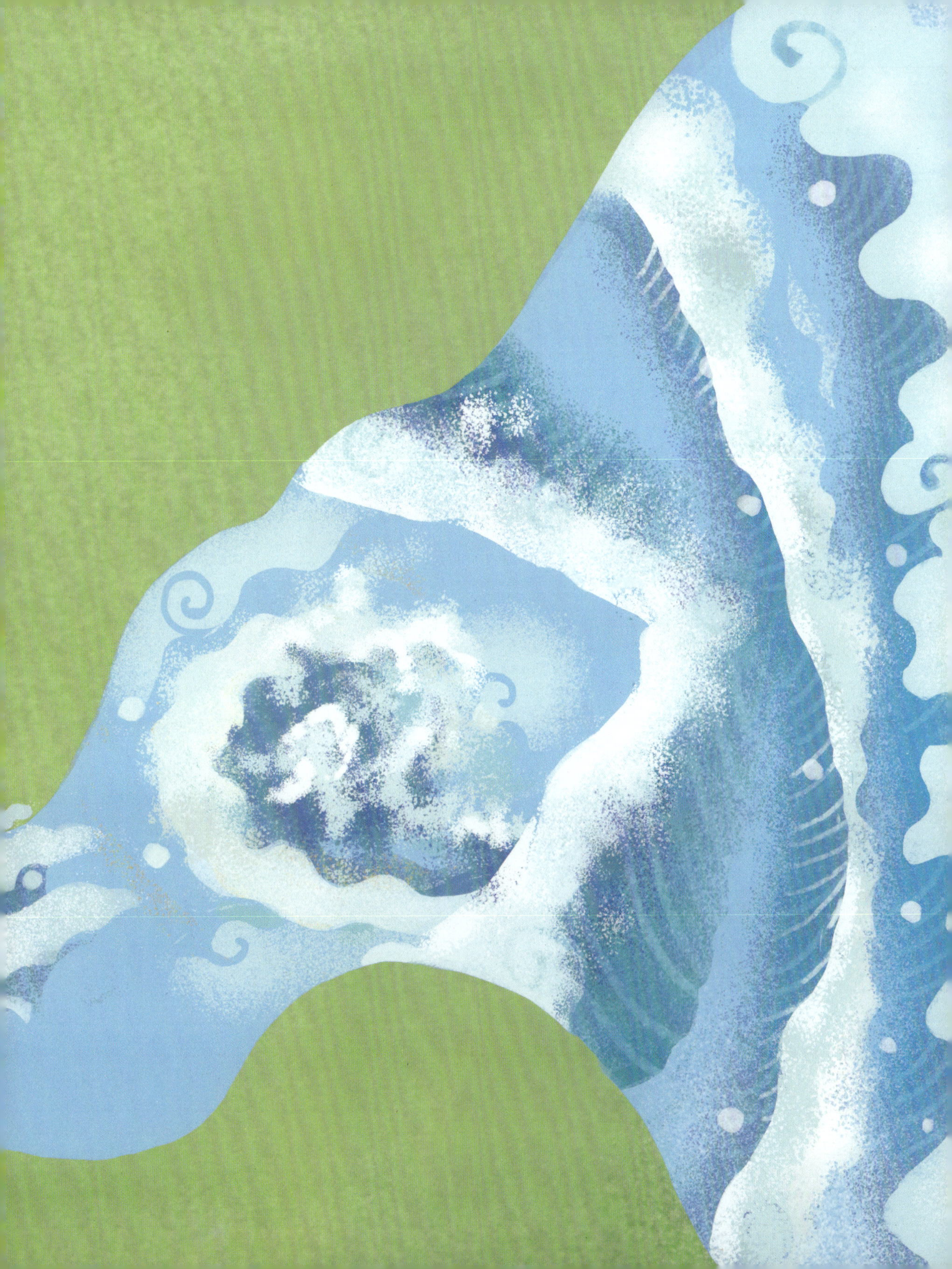

杭州以前可不叫"杭州"！
两千多年前，秦始皇统一了中国，给杭州起了一个名字——钱唐。

"西糊"？那是什么，可以吃吗？

宝石山

汉

大海

吴山

秦朝时，钱唐县还没有西湖。直到东汉时，从宝石山和吴山上冲刷下来的泥土把钱唐县的一片海湾与大海分隔开，才形成了这片湖泊。

详见本书第43页

🧍隋文帝时，杭州才第一次被叫作"杭州"。隋炀帝特别喜欢富庶的江南，下令开凿一条连通北方和杭州的大运河，方便运输粮食和派驻军队。

后来被人们叫作隋唐大运河，也就是京杭大运河的前身。

以后你就叫杭州了！

宋朝时的杭州——哦不，那时候叫作"临安"——就更了不得了！宋朝的皇帝🧍赵构为了躲避北方民族的入侵，把都城从北方的开封府搬了过来，临安就成了南宋的都城！

现在的开封

朕还是要杀回老家的！

历史学家把都城在北方开封府的宋朝称为"北宋"，把都城在南方临安的宋朝称为"南宋"。

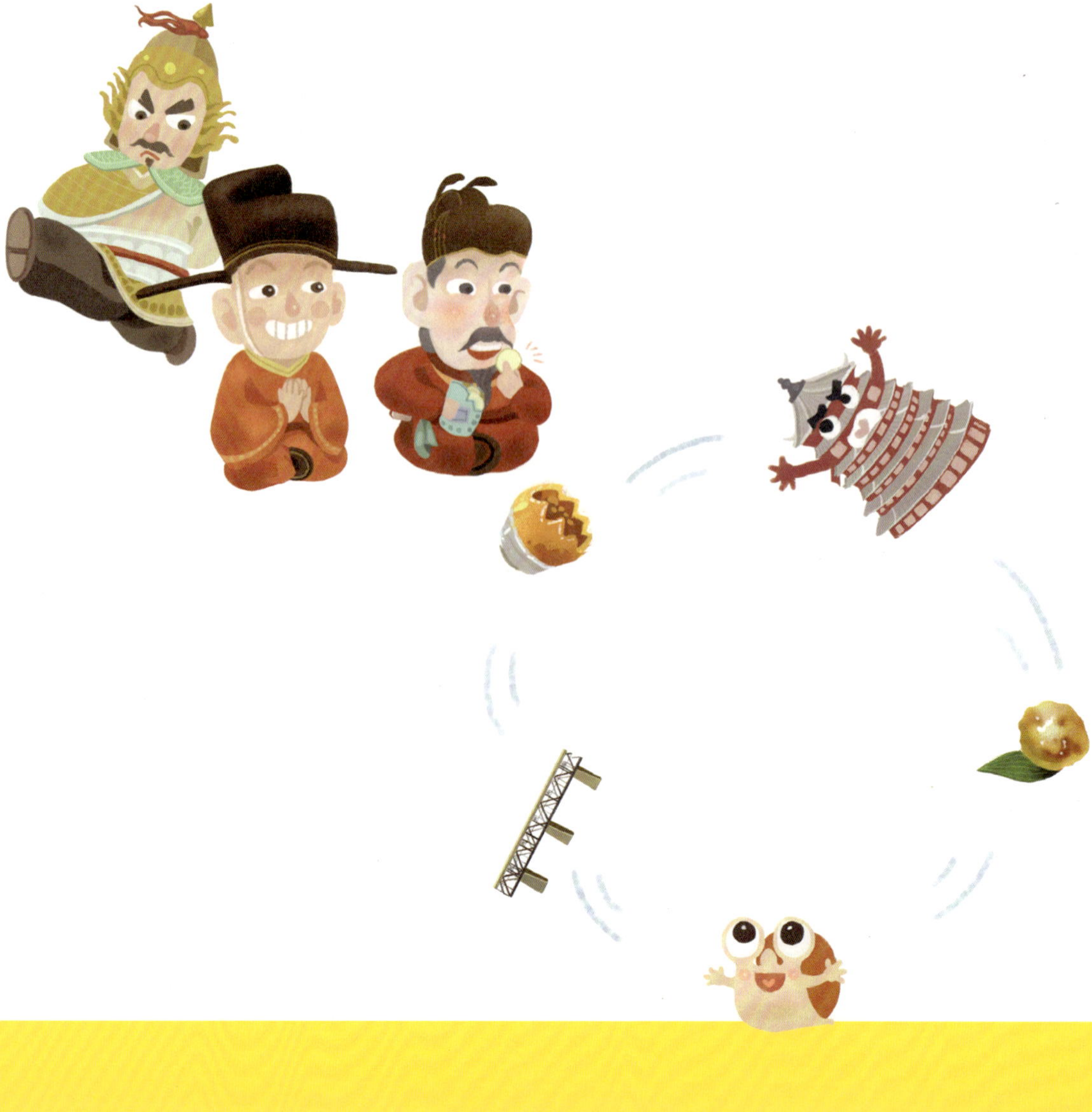

CHAPTER 02

我来这里当皇帝

吴越国国王原本在杭州勤勤恳恳地当国王，他们修建了细细长长的杭州城，建起威武的六和塔。可是后来宋朝的皇帝统一了北方地区，于是吴越国国王把自己的国家拱手献给了宋朝！150多年后，这块宝地成了南宋的都城，南宋的皇帝在杭州舒舒服服地享受生活。

吴越国

杭州不止是南宋的都城，宋朝以前，杭州还是吴越国的都城。

"陌上花开，可缓缓归矣。"王妃娘娘，陛下给您新写的诗是什么意思啊？

陛下说的是："田野上的花都开了，你在回来的路上可以慢慢欣赏。"

我看是王妃娘娘回娘家探亲，陛下想念王妃，催促王妃回家呢！陛下除了是位好国君，还是位好丈夫呢！

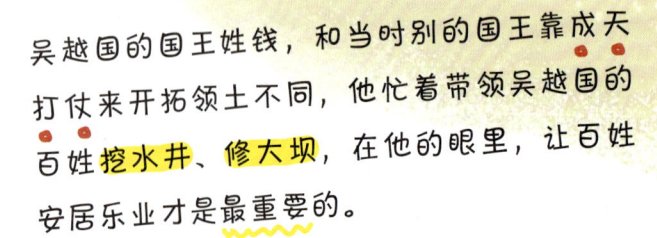

吴越国的国王姓钱，和当时别的国王靠成天打仗来开拓领土不同，他忙着带领吴越国的百姓挖水井、修大坝，在他的眼里，让百姓安居乐业才是最重要的。

两国交战，必然有很多将士战死沙场，这会让许多孩子失去爸爸，妻子失去丈夫……

和百姓生活的 幸福安定 相比，我的王位和国土的大小又算得了什么呢？

钱镠 (liú)

本是唐朝负责保卫杭州地区的节度使。公元907年，唐朝灭亡后分裂成一个个小国家，钱镠在杭州及附近建立了吴越国。

钱镠的孙子

公元978年，吴越国最后一个国王 **钱弘俶** (chù) 主动向宋朝的皇帝称臣，把国土白白送给了宋朝。虽然钱弘俶结束了吴越国71年的统治，但他帮助国家重新恢复统一，同时也避免了战争。

历史上被称为"纳土归宋"。

吴越国的国王没有给他们的子孙留下王位，却留下了一部"处世秘籍"——《钱氏家训》，教导子孙读书、做人的道理。

吴越国最贤明的国王钱镠写的。

祖先说："读经传则根柢(dǐ)深，看史鉴则议论伟。"

熟读古书才会学识深厚，了解历史才能谈吐不凡。

钱锺书
作家、文学研究家。

"欲造优美之家庭，须立良好之规则。"

要营造幸福美好的家庭，就要建立适当的规则。

祖先说："利在天下者必谋之。"

那些对天下人有利的事情，一定要去做。

钱学森
科学家。他离开美国，回到祖国，主持导弹和火箭研究，被称作"火箭之王"。

10

祖先说：
"家富提携宗族，置义塾与公田。"

家庭富足时要帮助家族里贫困的人，设立免费的学校和共有的田地供整个家族所用。

"信交朋友，惠普乡邻。"

用诚信结交朋友，多多帮助邻居。

钱穆

历史学家。抚养失去父亲的侄子**钱伟长**，把他培养成了科学家，践行了《钱氏家训》的精神。

"内外六闾整洁。"

内内外外的房屋街道都要整齐干净。

因而吴越王的子孙里诞生了许多杰出的人才，他们在科学、文学、历史等各个领域施展着自己的才华！

六和塔

"六和"源自佛教术语"六和敬",即身和、口和、意和、戒和、见和、利和,指在行为上、言语上、思想上等各个方面都要和别人和睦相处。

杭州有三座有名的佛塔,它们是保俶塔、雷峰塔和六和塔。其中,钱塘江边这座威武稳健的六和塔,是吴越王钱弘俶下令为百姓镇江潮而修建的塔。

塔刹 元朝时修建

高高耸起的塔尖和微微翘起、向外延伸的塔角,可以让雨滴像滑滑梯一样快速滑落,滴在塔外,达到保护木结构塔身的目的。

现存的六和塔是南宋时重建的,在元朝和明朝时曾多次修整,到了清朝,人们又在南宋砖石塔的外层包裹了13层的木结构外檐廊,就成了我们现在看到的样子。

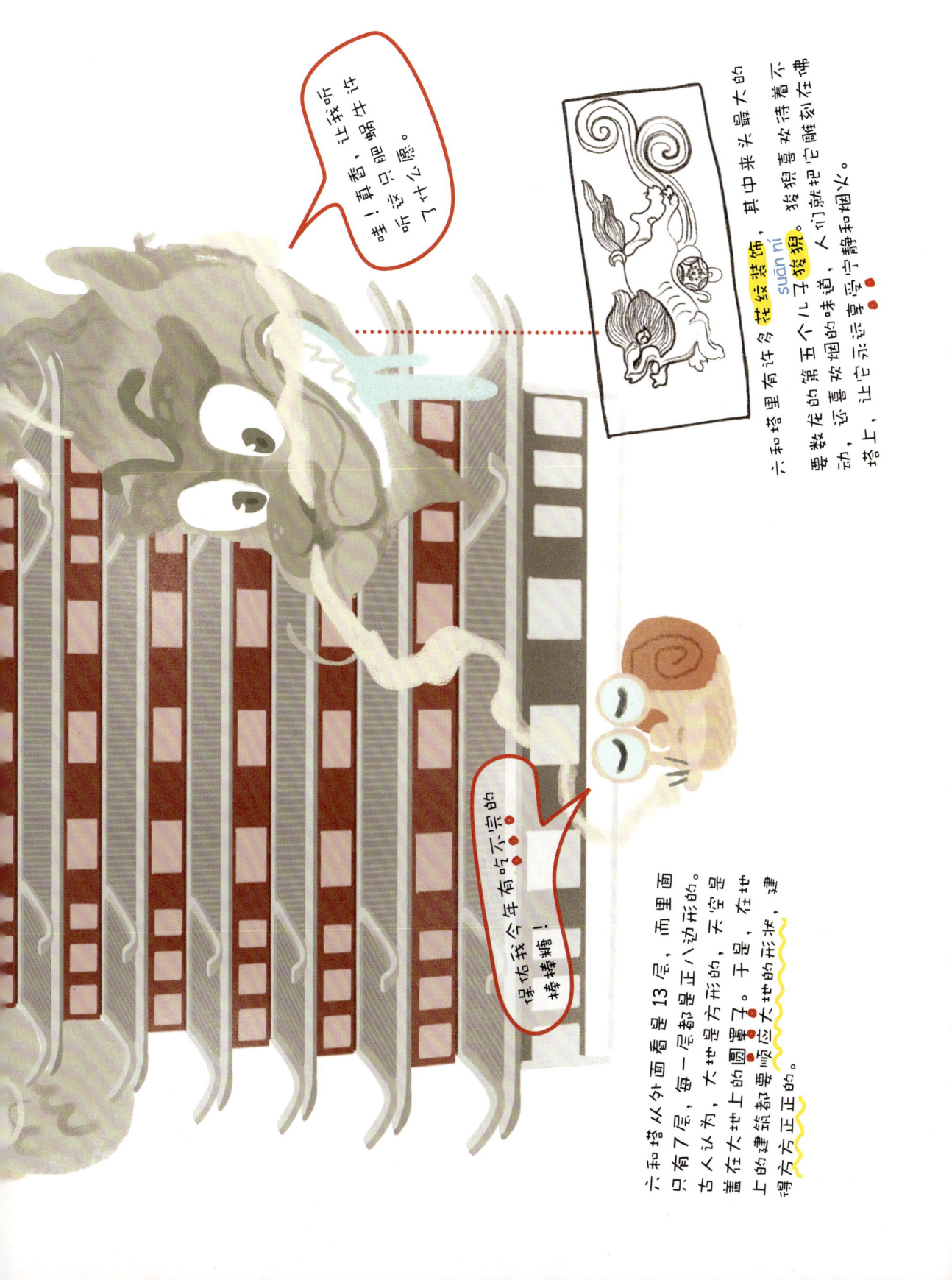

六和塔里有许多花纹装饰，其中头最大的要数龙的第五个儿子狻猊（suān ní）。狻猊喜欢待在佛塔上，让它示意运享宁静和烟火。投掷喜欢把它雕刻在佛塔上，还喜欢烟熏的味道，人们就把它雕刻在佛塔上，让它示意运享宁静和烟火。

哇！真香，让我听听这只肥蝙蝠许了什么愿。

保佑我今年有吃不完的棒棒糖！

六和塔从外面看是13层，而里面只有7层，每一层都是正八边形的。古人认为，大地是方形的，天空是盖在大地上的圆罩子。于是，在大地上的建筑都要顺应大地的形状，建得方方正正的。

经南宋重建后，六和塔屹立于钱塘江边已**近千年**了！它"长寿"的秘诀在于内部的**双套筒**结构——六和塔外层的砖墙里，竟然还藏着一重塔心。

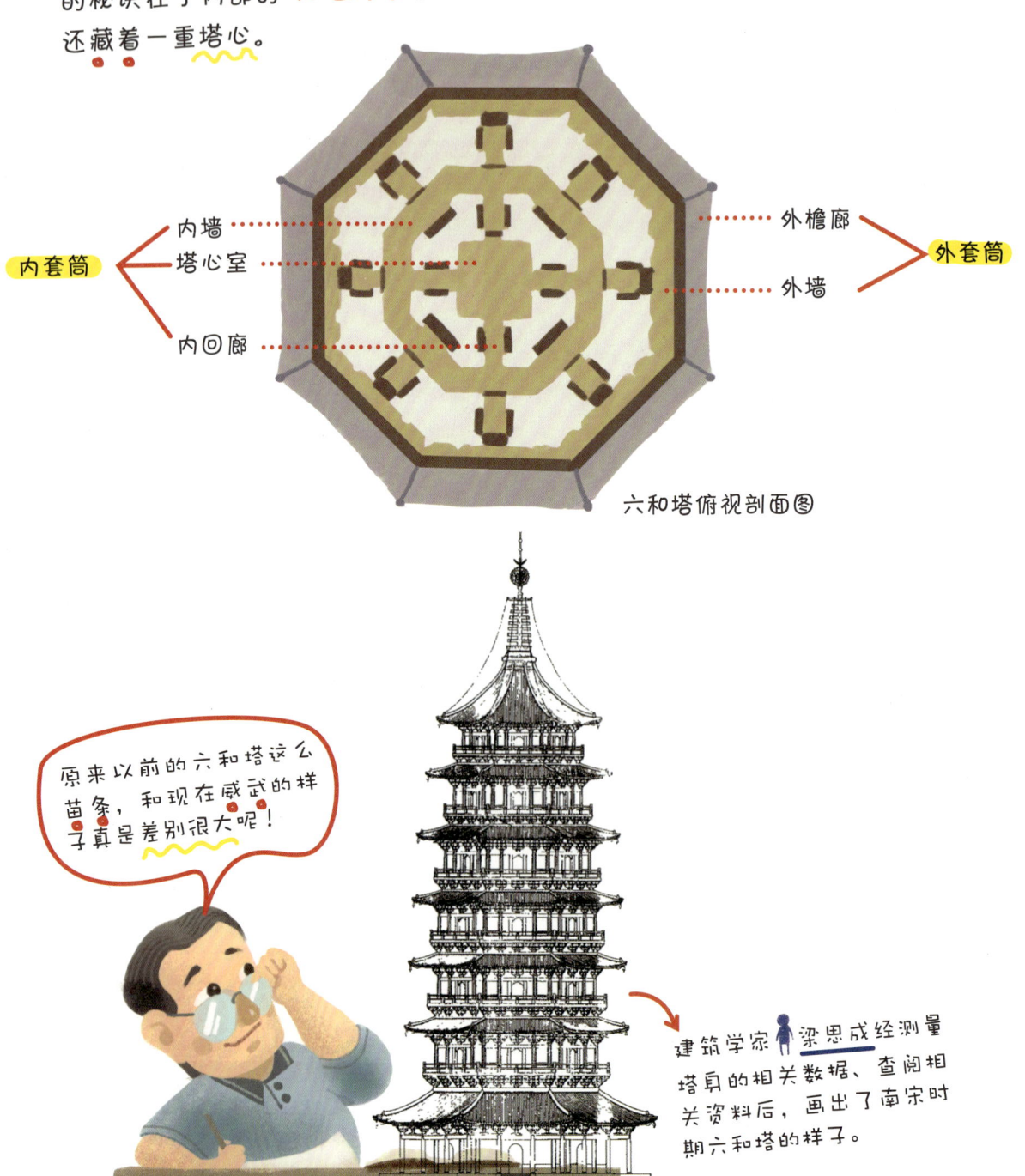

内套筒：内墙、塔心室、内回廊

外套筒：外檐廊、外墙

六和塔俯视剖面图

原来以前的六和塔这么苗条，和现在威武的样子真是差别很大呢！

建筑学家**梁思成**经测量塔身的相关数据、查阅相关资料后，画出了南宋时期六和塔的样子。

14

内外两重塔相互支撑、扶持，再加上正八边形外墙的稳固造型，六和塔遇上地震都不怕！

嘿！兄弟，我好怕！

救命啊，救命啊，我站不住啦！

没事儿，我扶着你！兄弟合体稳如泰山！

双套筒结构佛塔

普通单筒佛塔

当初，钱弘俶为百姓修建六和塔是为了镇住钱塘江的大潮。

有我保护杭州百姓的平安，你休想过来！

六和塔是保护我们的大将军！

六和塔威武！

每月初一、十五，钱塘江都会涌起滔天的**大潮**，一个浪头就有几米高，威力大得能把岸边的人都卷走，非常可怕！

> 我一个大浪就可以淹没五千多户人家，卷走上千只船，淹死数以百计的人！怕不怕？

相传钱镠也曾经在钱塘江边命令弓箭手向潮头射箭，吓退了潮神（出自民间传说"钱王射潮"）。

古人猜测，钱塘江里大概住了一位坏脾气的潮神，于是建了一座佛塔想要镇住大潮。

17

看我们的吸力！

每年农历八月十八是看钱塘江大潮的最佳时间。

这天，太阳、月亮和地球几乎在一条直线上，它们的 引潮力 激起海潮，冲向钱塘江狭窄的河道，在风力的推波助澜下，凶猛的钱塘江大潮就形成了。

钱塘江上也有些厉害的人不怕大潮！他们胆子特别大，水性特别好，能够在钱塘江汹涌的浪头间穿梭，向别人表演自己游戏潮水的绝活，这些人就叫作"弄潮儿"。

"玩"的意思。

举着五彩小旗。

危险！切勿模仿！

据说，最厉害的弄潮儿能够让手里的彩旗始终不湿。

潮水在前进时，还会形成回头潮、十字潮、一线潮等不同的景象。

现在，我们用"弄潮儿"这个词比喻不怕困难、勇敢前进的人。主持设计、修建钱塘江大桥的茅以升就是这样的人。

以前，杭州的百姓都说，汹涌澎湃的钱塘江深不见底，上面不可能修桥。茅以升可不信，他用了整整三年时间，克服了种种困难，终于在1937年建成了我国第一座公路、铁路两用的钢铁之桥——钱塘江大桥。

1937年12月，当抗日战争波及杭州附近，为阻断日军从浙北南下，茅以升亲手炸毁了凝聚他多年心血的钱塘江大桥。

茅以升

中华人民共和国成立后，1953年，茅以升在钱塘江上又重新建起了钱塘江大桥。直到如今，它依然在汹涌的钱塘江水中稳稳伫立，供南来北往的行人与车辆安全通行。

1937年，在钱塘江大桥初建通车的89天里，钱塘江大桥帮助无数难民由北向南通过钱塘江避难；一趟趟火车由南向北通过大桥，往前线运送抗日物资。

南宋

宋朝推崇文官，皇帝和大臣更擅长画画、写诗。

宋朝皇帝也不爱打仗，不过，和钱镠不一样，宋朝的皇帝们觉得，与其灰头土脸地和北方民族干架，不如花钱买和平来得省事多了！

"打仗还是给钱，你自己选吧！"

辽

"邻国辽挥挥拳头就能拿到宋大把大把的钱，我们也去占占便宜，这可比养羊容易多了！"

西夏

宋

"不就是钱吗？我们大宋这么繁华富有，给你们点！我才不怕！"

最早开始骚扰宋朝边疆。宋每年给辽十万两白银，二十万匹绢。

西夏也像辽一样，接二连三地向宋挑衅，要走了好多钱。

我有一支**王牌军**——铁浮图刀枪不入，拐子马神出鬼没，你就乖乖投降吧！

金

铁浮图
"塔"的意思，士兵穿了严严实实的铠甲，就像铁塔一样，普通的刀箭根本刺不穿。

拐子马
身穿轻便铠甲的骑兵。作战时，从铁浮图两边向敌人包抄，就像铁浮图伸出来的手肘一样包围住敌人，让他们无处可逃。

皇上，打不过啊！

哎，早知道多花点钱练兵了……

所以，宋朝皇帝安心地**吃喝玩乐**，一旦有别的民族侵扰，就送点钱去。渐渐地，东北的金国都打到宋朝皇帝的眼皮子底下了！

23

后来，金国攻破了宋的都城开封府，把太上皇**宋徽宗**、皇帝**宋钦宗**、后妃、**皇亲国戚**，还有城里的金银珠宝统统掳到他们的大本营去了。

哈哈哈哈，都是我的了！

天哪！我可是皇上啊，竟然被卖来抵账！

父皇，我们什么时候才能回宗庙啊！

宋钦宗

我们又不是货物，哪有这样卖的！

宋徽宗

皇帝的女儿

带姬，抵一千锭金！

贪心的金人还要了一大笔钱，付不起钱的皇帝只好拿自己的嫔妃和女儿抵账。

宋徽宗的第九个儿子赵构刚好不在汴梁，逃过了一劫。他一路逃命，一路宣布自己是宋朝的新皇帝。他和他的臣子们吆吆逃逃，最后逃到了南方的"临安"，把临安作为"行在"。后来人们把赵构建立的"宋"叫作"南宋"。

地盘还是要夺回来的，不过，父皇和皇兄回来以后，这皇位算谁的？

金人，你们给我等着！君子报仇，十年不晚。

皇帝在的地方

现在的杭州

无论是皇帝，还是大臣，他们相信总有一天宋朝的大军会重新打回北方，夺回被侵占的土地，救回被掳走的亲人。

南宋爱国诗人陆游就写过一首诗给儿子，希望收复北方中原。

死去元知万事空，
但悲不见九州同。
王师北定中原日，
家祭无忘告乃翁。
——《示儿》

御街

临安和汴梁一样繁华。就说当时的御街吧，它贯通安南北，街上有各种各样的商铺、酒楼和游艺场，即使和我们今天的商业街比起来，也丝毫不逊色。

沿河走廊
供百姓行走

河道

御道
御街中间的道路，南宋时只有皇帝才能走。

御道是南宋皇帝祭天的必经之路。每年祭天仪式前一晚，御街商家的店铺里便摆满了高官富豪。他们提前好几个月订位，就是为了看看皇帝长什么样。

浙江兴业银行旧址
西式古典建筑

当年的御街有4000多米长，15米宽。

相当于现在双向四车道的宽度

周边的小贩也眯着了商机，继续整整一晚。叫喊声、吵吵闹闹的嘈杂声。

现在杭州的中山中路、中山北路一带，就是当年南宋御街所在的位置。在这里，你可以看到不同风格的建筑。

凤凰寺
伊斯兰教古寺

鼓楼

御街南边，住着文武百官、皇亲国戚。他们不仅有钱，还特别讲究排场。光是请客吃饭，前前后后就要吃上百道菜，家里还设有**四司六局**。

有一次，宋高宗赵构去大臣张俊家里吃饭，这顿饭铺张浪费得不得了，足足有**200多道菜**！

四司六局

大户人家专门负责安排宴席的仆人，人数可达几十人。"四司"为厨司、茶酒司、台盘司、帐设司。"六局"为果子局、蜜饯局、菜蔬局、油烛局、香药局、排办局，分别负责剥洗水果，制作蜜饯咸酸，供应蔬菜，专掌灯火照明、香料汤药，以及清洁扫除。

厨司······
厨师。

1 鹌子炙(zhì)
就是烤鹌鹑(ān chún)。

2 酥胡桃
相当于现在的琥珀核桃。

3 鱼脍(kuài)
就是现在的生鱼片。

4 洗手蟹
把螃蟹剥开，浇入盐、酒，拌上姜、橙泥就盛盘上桌，因做法简单，洗个手的工夫就能做好而得名。

5 林檎
中国本土苹果，因成熟之后会吸引鸟儿来栖息而得名。

6 莲花鸭签
将鸭肉裹料炸熟，然后摆成花瓣的样子。

7 珑缠桃条
类似于今天的糖霜桃条。

8 巴榄子
巴旦木，唐朝时从波斯传入。

9 金银炙焦牡丹饼
牡丹馅饼。

10 荔枝蓼(liǎo)花
金黄的表皮上挂满了芝麻，咬开后是软糯的内馅。

11 螃蟹酿橙
把蟹膏和蟹肉放进剜去果肉的橙子里蒸熟，鲜美的蟹肉还伴有橙子的清香。

· 茶酒司
负责给宾客斟酒倒茶，安排座位。

· 帐设司
负责布置环境，摆放屏风、书画等各种陈设。

· 台盘司
负责传送杯盏碗碟。

不仅提供各种饮品，还常有说书人表演。

御街上当然少不了集休闲、娱乐于一体的茶坊！它们的名字稀奇古怪，有朱骷髅茶坊、黄尖嘴蹴球茶坊、大街车儿茶肆、一窟鬼茶坊……招牌越古怪，越能吸引客人！

高级的茶坊里还有经过专业茶艺训练的茶博士，他们靠点茶、卖茶为生。

我今天到了余杭县！

我今天走到平江府。

茶博士间的黑话，意思是"今天赚了385钱"。因为临安到平江府（现在的苏州）的距离就是385里。

余杭县到临安的距离约为63里，所以茶博士收到了 ▢ 钱。

宋朝时，
1里 ≈ 415米

街上各行各业的商人都有自己专属的叫卖小曲儿。

御街中段就像百货商场一样热闹，有书市、酒楼、果子铺、成衣铺……

宋代的"外卖配送员"。只要派人点好餐食，留下地址，店小二兼配送员就会按时送达。

嗝，我的肚子都要撑破了，叫个"外卖"回家接着吃！

宋代供人临时歇脚的客店。为招揽顾客，一般会在门前搭上高高的"欢门"，有的店还会在上面挂满璎珞、彩球，五彩缤纷，非常漂亮。

借助描绘北宋都城景色的《清明上河图》，我们可以想象一下当时临安城的繁华风光！

《清明上河图》（局部） 张择端
现藏于北京故宫博物院

《清明上河图》（局部）

花鼓棒
将三四个鼓棒拿在手中，轮流抛起来，鼓棒上系着五彩丝线，在天空中翻转着，好看极了！

御街北边，是临安最大的都市游艺场——北瓦，南宋人在这里看杂技、听说书……演出昼夜不停。

说书人的故事就像现在的电视连续剧一样吸引人!许多人每天都会按时来到这里,就为了听听说书人故事的后续。

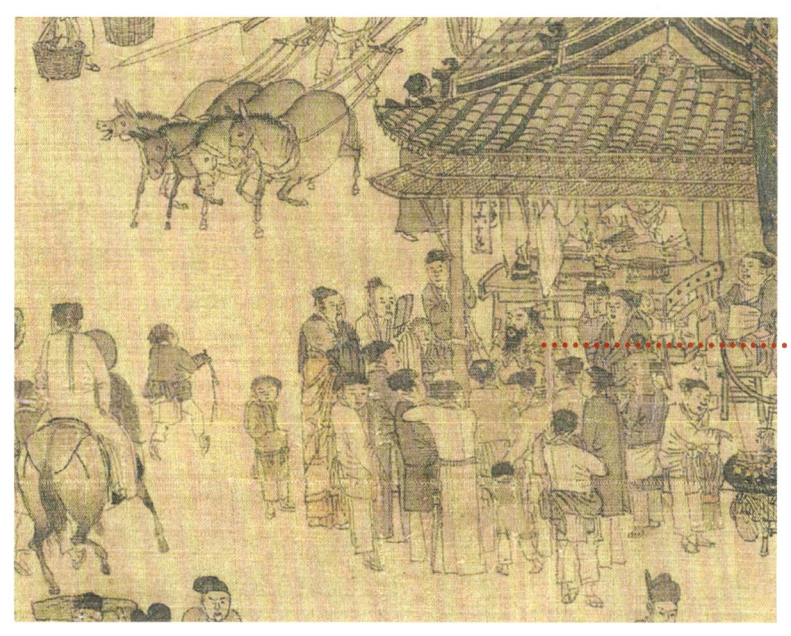

说书人
以讲故事为职业的人,他们的肚子里装着说不完的故事,有历史故事、民间传说……

《清明上河图》(局部)

货郎

妈妈,我要买玩具!

北瓦里还有许多做生意的小商人。看,这位货郎肩挑杂货担,不堪重负地弯着腰。货担上的商品从玩具到糕点,应有尽头,简直是"移动的百货店"。

《市担婴戏图》 李嵩
现藏于台北故宫博物院

岳王庙

南宋有一位大将很厉害,那就是大名鼎鼎的 岳飞!

金 VS 宋

你,你!你好狡猾!

呜呜呜,人家就这里没有穿铠甲,好痛!

嘿,铁浮图!吃我一刀!

400米

岳飞带兵训练有素、纪律严明，人称"岳家军"。金人说："撼山易，撼岳家军难。"

岳飞率领他的军队运用破解铁浮图、拐子马的战术，一路向北，打了无数胜仗，所向披靡！

用大刀、大斧专砍铁浮图薄弱的马腿，马腿一断，笨重的铁浮图就倒在地上动弹不得。

这是明朝人在书里记载的神臂弩的样子，至于宋朝的神臂弩长什么样，已经没人知道了。

金人还怕岳家军的神臂弩，据说神臂弩的射程有400多米。400多年后，法国人马汉发明了燧发枪，其射程也才只有200多米，和神臂弩比起来差远了。

200米

眼看着岳飞的军队就要打到宋人的故都开封府,宋朝的皇帝和一些大臣坐不住了,他们只想着跟金国和谈,像以前那样花钱买来和平,不想再打仗了。他们就怕岳飞惹恼了金人,带来大麻烦。

> 那时已经成为金人的地盘,改名为"汴京"了。

岳飞
今天打了大胜仗,铁浮图哪有那么可怕!周围的兄弟们,咱们齐头并进,收复中原指日可待!

咋都喊我回家?

秦桧
官家给你发了金牌,还不赶快回来!

> 臣子对皇帝的尊称。

皇帝
前线只有你们一支军队,哪里打得过金人,快回来吧!

岳飞
@岳家军 十年之功,废于一旦!所得州郡,一朝全休!社稷江山,难以中兴!乾坤世界,无由再复!

> 现在撤退,以前的努力就白费了!

于是皇帝连下十二道"金字令牌",把岳飞叫了回来!宰相秦桧与大臣万俟㐷(mò qí xiè)、张俊联合起来陷害岳飞,给他编了莫须有的罪名,害死了他。

"或许有罪"的意思。

岳王庙中的匾额上写着"还我河山",也就是希望能收复丢失的国土的意思。

一块涂着朱漆,写着金字的木牌,用来传递皇帝的紧急军令。由专人骑着快马一路飞驰送达,谁都不能阻拦。

后人为了纪念英雄岳飞,在西湖边为他建了"岳王庙"。百姓们恨透了害死岳飞的秦桧等人,按照他们的样子做成了铁铸人像,让他们永远跪在岳飞的墓前。

或许是因为临安太美、生活太安逸,大家沉溺于玩乐,慢慢就忘却了之前被打败的屈辱,淡忘了北方的家,最后也没能收复中原。

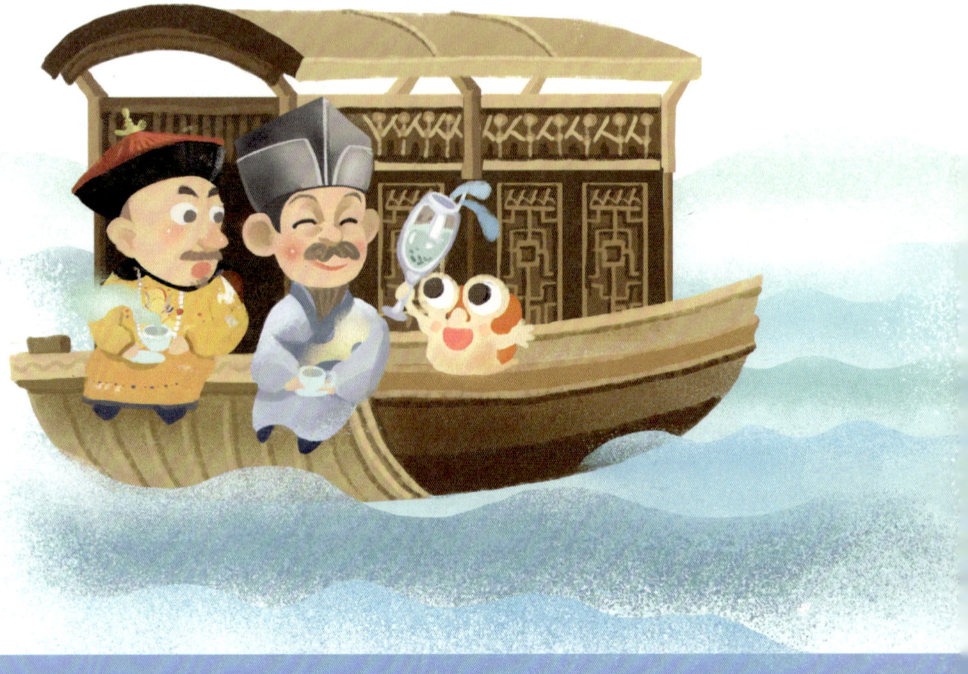

CHAPTER 03

美丽的西湖

西湖的美,不仅仅是碧水青山的美,一代代文人墨客还在这里留下了许多美丽的传说:断桥是白娘子走过的;苏堤上的土是苏轼掘过的;三潭印月映出的月亮,照在数不清的游子心上……

西湖

苏轼

双峰插云

花港观鱼

雷峰夕照

南屏晚钟

三潭印月

阮公墩

小瀛洲

湖心亭

西湖在古杭州城的西边，所以被叫作"西湖"。西湖上有两条堤、三个岛，还有十处特别美的景致，也就是"西湖十景"。

西湖实在太美啦，古今中外，上自帝王将相，下至黎民百姓、文人墨客，都是它的忠实粉丝！

柳浪闻莺

曲院风荷

苏堤春晓

平湖秋月

白堤　　断桥残雪

乾隆皇帝六次南巡都到了西湖。他可谓西湖的"点赞狂人"，光是西湖十景，他就写了足足30首诗！

41

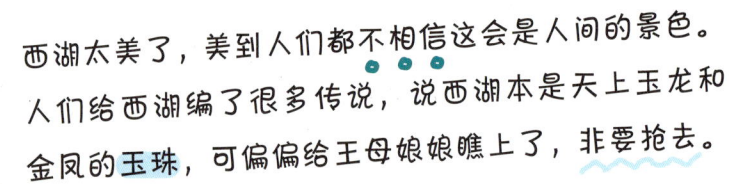

西湖太美了,美到人们都不相信这会是人间的景色。人们给西湖编了很多传说,说西湖本是天上玉龙和金凤的玉珠,可偏偏给王母娘娘瞧上了,非要抢去。

你争我夺间,玉珠从天上掉了下来,碎成了西湖。而玉龙和金凤为了守护玉珠,下凡围在西湖周围,成了玉皇山和凤凰山。

宝石山

吴山

传说当然只是传说，西湖可是纯天然形成的。起初，西湖的所在地是个三面环山、一面朝向大海的海湾。在几千年的变化发展中，海湾两侧的土越积越多，最后竟然连起来，把水围在中间形成了一个湖！

> 山岭间的溪水、钱塘江江水一路流向大海时，此地地势逐渐低平，河水流速逐渐减慢，从山上和内陆携带来的泥沙慢慢堆积，积聚在此就成了陆地。

连接孤山与湖岸

西湖上的 白堤，原本叫作"白沙堤"，人们将它改名，是为了纪念大诗人 白居易。

ALONE

白居易曾经在杭州担任刺史。有一年，杭州大旱，庄稼颗粒无收，白居易下令修筑一条堤坝拦蓄湖水灌溉农田，这才解除了旱情。

后来，因为城市变迁，人们发现白居易建造的堤坝竟然不见了！为了永远牢记白居易的功绩，就把更早建造的白沙堤改名为白堤。

乱花渐欲迷人眼，浅草才能没马蹄。最爱湖东行不足，绿杨阴里白沙堤。

乐天兄，你觉得我吟得好吗？

不要在意这些细节，这是我心里永远的白沙堤！

21世纪这里不叫"白沙堤"，而是"白堤"！

"西湖的景色真好，但我还是最爱湖东的白沙堤。"这是白居易刚到杭州时写的诗。

白居易

字乐天，号香山居士，唐代著名文学家，代表诗作有《琵琶行》《长恨歌》。

古人的名、字、号

"少有名，长有字。""名"是幼时父母或长辈取的，就像我们的小名昵称。等到成年举行冠礼后，长辈起个"字"，作为正式的大名使用。"号"则是自己给自己起的，可以用来表达志向、表明籍贯。

试试给自己起个"号"吧！

| 名 | 字 | 号 |

45

白堤东边的**断桥**，传说是白娘子和许仙相遇的地方。

虽然叫断桥，但断桥并不曾断过。人们说冬天杭州雪停之后，断桥上向阳一面的雪会先融化，而背阴一面仍旧白雪皑皑，远远望去，桥就像断了一样，所以就有了"断桥"的名字。

很久以前，有一条修炼千年的白蛇，名叫白素贞，她和妹妹小青一起变成人的样子，到世间游玩。白素贞在断桥上遇到了许仙，他们结了婚，幸福地生活在一起。

可金山寺的和尚法海却告诉许仙，白素贞是蛇妖，许仙将信将疑。后来白素贞误喝下雄黄酒，果然变成了一条巨蛇，把许仙给吓死了。

白素贞盗来仙草救活了许仙，没料到法海把许仙骗到金山寺软禁起来。白素贞和小青连忙赶去与法海斗法。

法海趁刚生了孩子的白素贞身体虚弱，把她镇压在雷峰塔下。

后来，白素贞的儿子中了状元，来到雷峰塔下救出了母亲，全家才得以团聚。

贯通西湖南北的**苏堤**，是苏轼"废物利用"的创造。

> 东坡肉、东坡羹、东坡饼……如果你开一家酒楼，一定能赚好多好多钱！

相传，在苏堤修好之后，百姓们杀猪宰羊，献给苏轼。苏轼令厨子把猪肉切成块烹饪，分给百姓们品尝。这道菜后来就被称作"东坡肉"。

苏轼号东坡居士

苏轼任杭州知州时，下令把西湖里的淤泥、杂草打理干净。可是，挖出来的小山一样的泥土堆在哪里好呢？苏轼想出了一个一举两得的办法：把淤泥沿着直线堆在湖里，筑起一道供人游玩的长堤，于是"苏堤"诞生了。

日积月累的淤泥会让西湖的水质变脏，水量变少，甚至干涸。

除了苏堤，苏轼还创造了东坡提梁壶和风靡京城的子瞻帽！

侧面的把手

传说有一天，苏东坡动手做了个又圆又大的茶壶，放在炉子上煮茶喝，可是一不小心被烫到了！

他灵机一动，在壶上加了个把手，既美观又方便，人们就把这种样式叫作"东坡提梁"。

不想做发明家的潮流达人不是好诗人。
——《Wolly语录》

FASHION 大宋

· 高筒

· 短檐

在京城做官时，苏东坡嫌帽子又厚又重，很不舒服，就用乌纱做了"子瞻帽"。后来，子瞻帽成了京城的流行款。

这两位是宋朝的男生哦，宋朝男生流行在头上插一朵花，重阳节时还会插茱萸果。

被贬官到海南时，苏东坡让匠人把椰子壳雕成了帽子，还寄给弟弟子由玩。

🙎 苏辙，字子由。
和苏轼一样，也是宋代著名的文学家。

三潭印月在小瀛洲岛的南边,由三座像葫芦一样的石塔组成。

相传中秋之夜，在三座塔的塔心里点上蜡烛，再把每座塔的五个圆孔糊上白纸。圆孔把烛光勾勒成圆形，柔柔地从纸面透出光来，就像五个小月亮！

每座塔的五个小月亮倒映在湖中，又多了十五个小月亮，再加上天上那轮真正的圆月、湖中圆月的倒影，以及游人心里的月亮，呵，竟然有三十三个"月亮"！

其实，我们看到的圆月、弯月，并不是月亮的大小在变，而是太阳照射月亮的位置发生了变化！

月亮本身并不会发光，我们看到的明月其实是太阳光照在月球表面反射出来的光。

当月球转到地球和太阳中间时，月球的屁股晒到了太阳，它的脸就躲在了阴影里，我们就看不到月亮了。

当月球转到地球和太阳的另一边时，月球的脸便晒到了太阳，我们在地球上就能看到一轮满月啦！

月球沿着自己的轨道绕着地球转，太阳、月亮、地球的位置就会发生变化。

每时每刻地球都沿着自己的轨道绕着太阳转。

露从今夜白，月是故乡明。

从今夜开始就进入白露节气，月亮还是故乡的最明亮。

但愿人长久，千里共婵娟。

希望亲人们健康长寿，虽然相隔千里，依然能够共赏明月。

举头望明月，低头思故乡。

抬头望见了月亮，不由得想起故乡。

杜甫　苏轼　李白

对于游子而言，月亮总让人联想到家乡——
皎洁的月光，照在故乡，也照在远方。
无论身在何方，这轮明月还和故乡的一样。
游子就这样望着月亮，想着故乡，念着故人。

在西方人心里，月亮可没那么温柔，反而是坏坏的！

姑娘，凭着这一轮皎洁的月亮，它的银光涂染着这些果树的梢端，我发誓……

啊！不要指着月亮起誓，它是变化无常的，每个月都有盈亏圆缺；你要是指着它起誓，也许你的爱情也会像它一样无常。

西方传说中，吸血鬼只能在夜间活动，而狼人看到圆月就会变身成狼！

在莎士比亚的悲剧《罗密欧与朱丽叶》中，朱丽叶拒绝罗密欧用月亮为爱情发誓。

在三潭印月的旁边，是一座"镂空"的小岛。从空中看，它就像一个"田"字，苍翠的树木环抱着碧绿的湖水，这就是小瀛洲。

瀛洲是传说中一座神秘莫测的仙岛，岛上有千丈高的玉石山，会流出喝了就长生不老的泉水。人们觉得，小瀛洲就像传说中的瀛洲一样美！

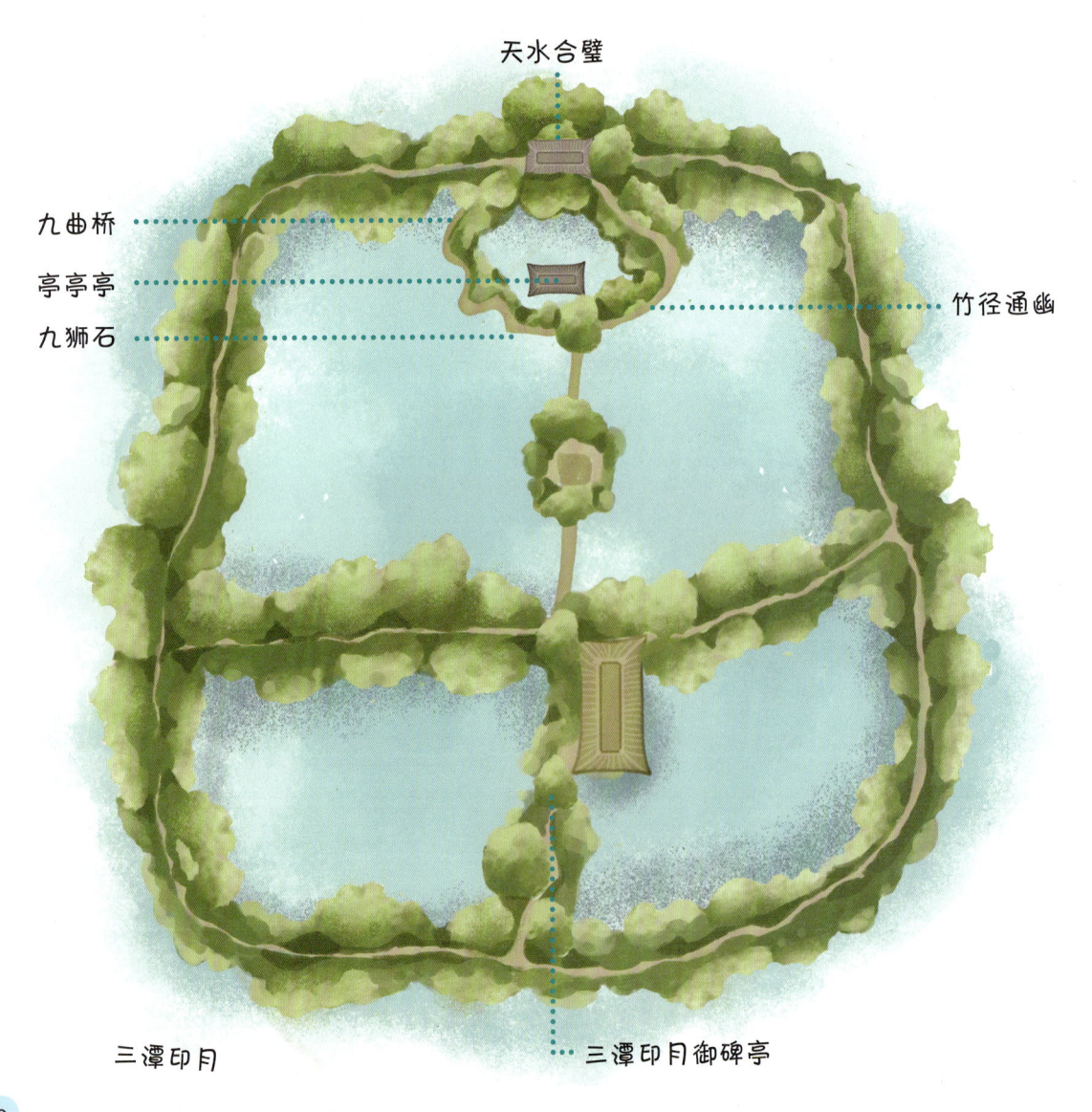

天水合璧

九曲桥

亭亭亭

九狮石

竹径通幽

三潭印月

三潭印月御碑亭

小瀛洲里，有一块歪歪扭扭、奇形怪状的太湖石，有人说，它上面有九只形态各异的石狮子，所以人们把它叫作"九狮石"。

太湖石是一种石灰岩，它们很容易受到水或酸性土壤的侵蚀。慢慢地，石头里疏松的地方被侵蚀成一个个小孔，而坚硬的地方被保存下来，就形成了形态各异的石头。因为太湖地区盛产这样的石头，所以人们称之为"太湖石"。

你难道看不出来上面有好多好多石狮子吗？简直是鬼斧神工！

不就是有很多洞的石头嘛！到底哪里好看？

赵构的爸爸宋徽宗特别喜欢这种造型独特的太湖石，常常命人到江南搜寻奇石。

毁路拆桥，这群官差真坏！

妈妈，救我！

报告！前面的城门太矮了，我们太湖石过不去！

这还用问吗？拆了城门！

有一次，官差们发现了一块好几丈高的太湖石，要献给宋徽宗。一路上，他们把过不去的桥和城门统统拆掉，运送的船坏了就征用百姓的。

宋朝时，一丈 ≈ 3.168 米

湖心亭的一块石碑上，有乾隆皇帝亲笔写的两个字"虫二"。

"虫二"可不是虫子家老二的意思！繁体字里"风月"写成"風月"，乾隆皇帝故意把这两个字的"外框"去掉，言下之意是西湖"风月无边"，也就是说西湖有无限美好的景致。

运送太湖石的船只经过的地方，百姓们不仅要缴纳钱财和稻谷，还要服劳役，苦不堪言。如果目睹百姓的这些苦难，不知道"纳土归宋"的钱弘俶会不会感到失望。

龙井

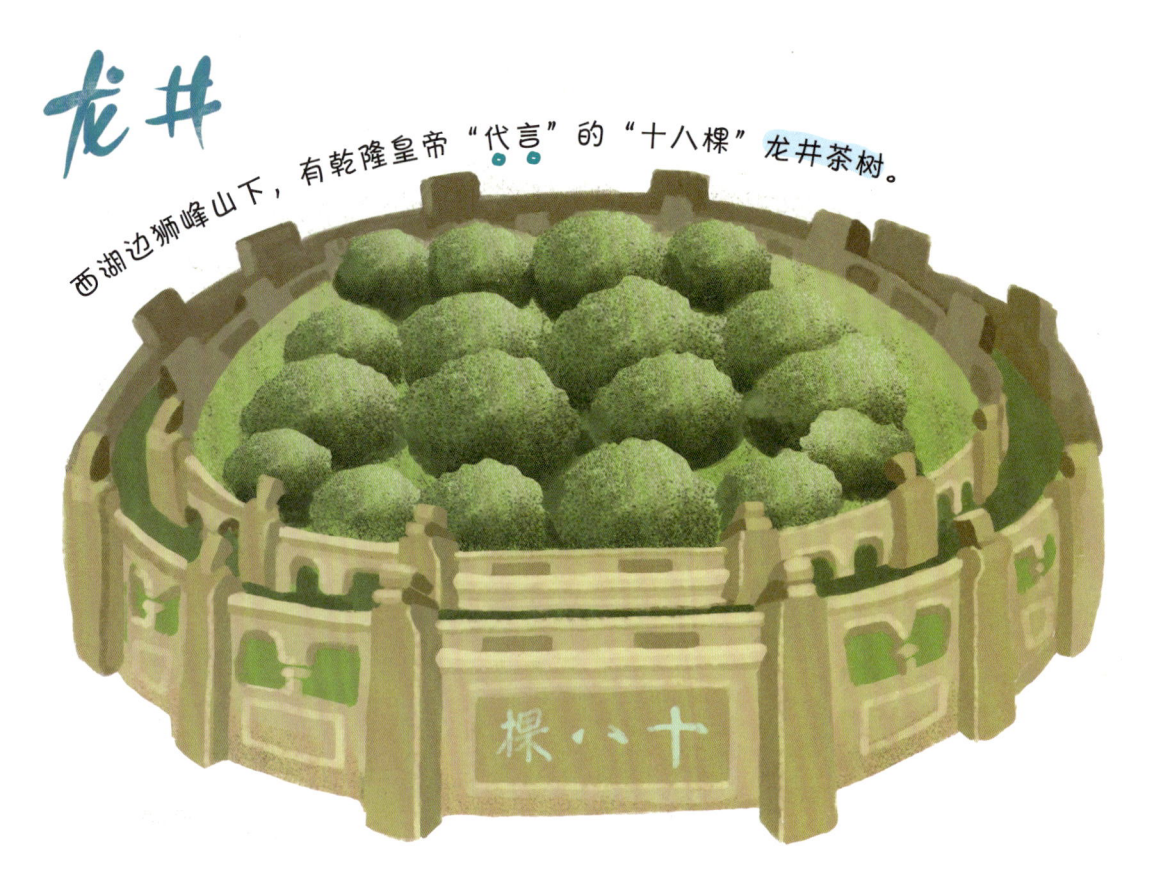

西湖边狮峰山下，有乾隆皇帝"代言"的"十八棵"龙井茶树。

乾隆皇帝特别喜欢西湖龙井茶，他六次下江南，有三次都来西湖看炒茶。他还把十八棵最好的龙井茶树封为"御茶"，只有皇帝才能享用呢！

制作茶的步骤

> 明前是珍品，雨前是上品。

"明前"是清明节前采的茶，"雨前"是谷雨前采的茶。

茶叶，当然就是茶树的叶子，只有茶树上最"顶尖"的叶子，才有成为茶叶的机会哦！

不同的采摘时间和位置，决定了茶叶的品级。

清明前，茶农采"龙牙"和"雀舌"，它们都是茶树刚长出的芽叶，最是鲜嫩，用来制作最顶尖的龙井茶。

高级

芽比叶长

龙牙
新长出的芽，还没有舒展开，就像龙的牙齿一样。

雀舌
茶芽和下面微微展开的第一片叶子。

过半个月，谷雨节气前采"旗枪"和"糙旗枪"，制成中级的茶。

中级

旗枪
茶芽以及展开一半的第一片叶子。因长得像古时候的兵器而得名。

糙旗枪
茶芽、完全展开的第一片叶子和微微展开的第二片叶子。

谷雨后，采"象大"，这些就是比较普通的龙井茶了。

普通

象大
茶芽和下面展开的两三片叶子，或者同等长度的对夹叶。

63

这些经过海选的叶子，再经过专业的炒制"训练"，最终成为大名鼎鼎的西湖龙井！

3.6万棵嫩芽，经过层层筛选、加工，只能制成500克特级茶。

摊放

青锅
以抖、抓手法，将茶叶炒到七成干，让茶叶初步定型。

回潮
把茶叶摊放到阴凉处，凉了之后筛去碎末。

辉锅
用压、磨、推的手法，把茶叶炒干、磨亮、定型。

分筛整理
用筛子分筛茶叶，挑出长一点的茶叶重新炒制，再分成一包一包，放在生石灰缸里密封一周，龙井茶就制作完成啦！

要想喝到一杯清香的龙井茶，还需要耐心冲泡，等待水和茶叶一起表演"魔法"！

用 85℃ 的水，沏在碗底中心到碗边连线的中间点上，就能看见水流带着茶叶旋转了。

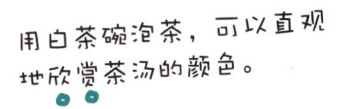

用白茶碗泡茶，可以直观地欣赏茶汤的颜色。

西湖龙井第二杯的滋味更好。等到茶水喝到茶汤和茶叶齐平，就可以续水了。

文澜阁

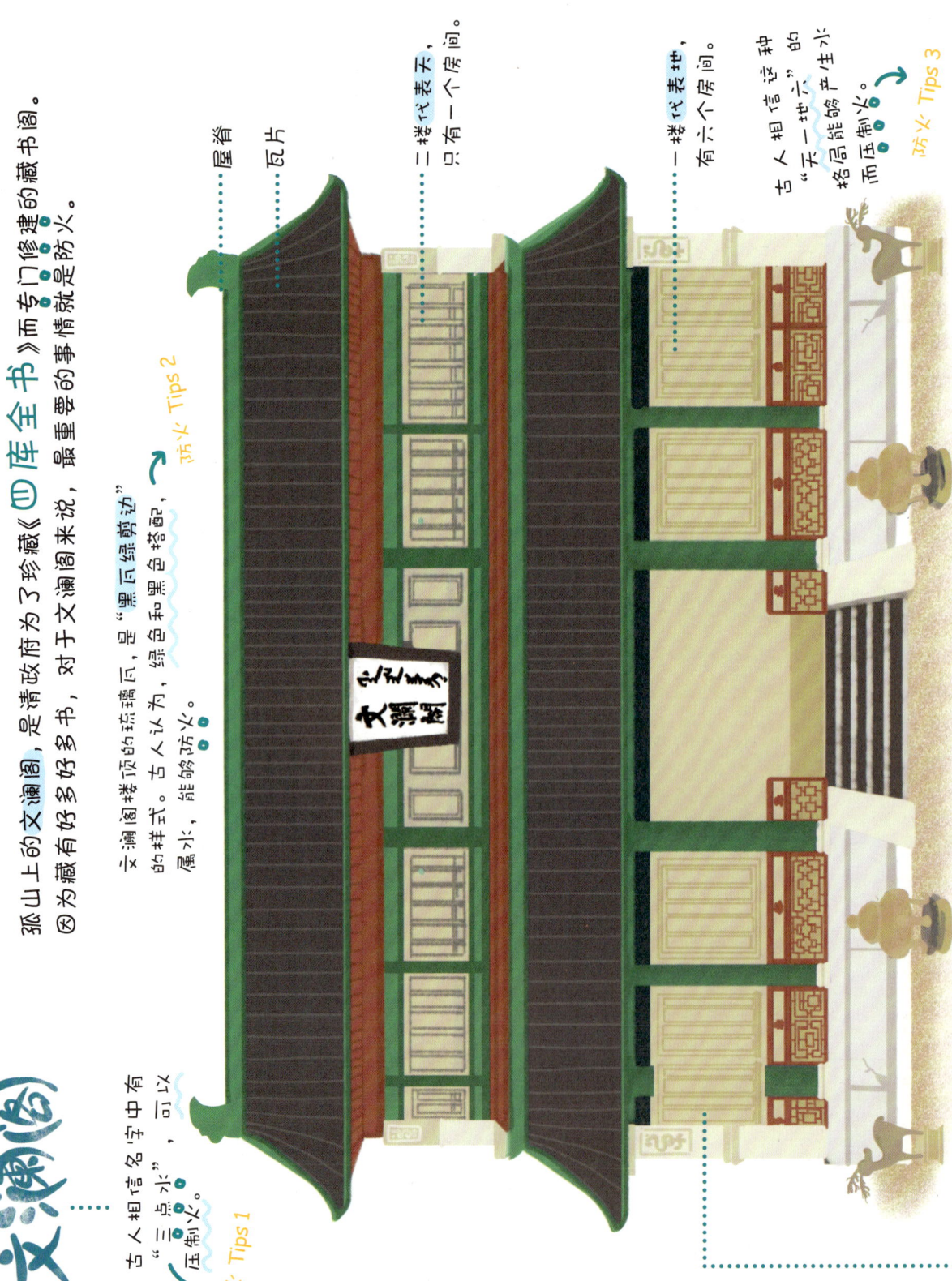

孤山上的文澜阁,是清政府为了珍藏《四库全书》而专门修建的藏书阁。因为藏有好多好多书,对于文澜阁来说,最重要的事情就是防火。

防火 Tips 1
古人相信名字中有"三点水",可以压制火。

防火 Tips 2
文澜阁楼顶的琉璃瓦,是"黑瓦绿剪边"的样式。古人认为,绿色和黑色搭配,属水,能够防火。

防火 Tips 3
古人相信这种"天一地六"的格局能够产生水而压制火。

- 屋脊
- 瓦片
- 二楼代表天,只有一个房间。
- 一楼代表地,有六个房间。

……古人的房子讲究左右对称，大门要建在中间的对称轴上，所以，每一层的房间数大多都是奇数。而文澜阁为了符合六间房的设计，只能把一楼最左边的楼梯间造得小小的，才能让大门基本位于中间位置，看起来比较对称。

→ 如果是偶数房间，对称轴就在两间房中间的柱子和墙壁上了。

防火 Tips 4

文澜阁前的水池和西湖相通，储备了充足的水，一旦发生火灾，就从这里打水救火。

经部 — 和儒家相关的典籍
史部 — 记载历史的史书
子部 — 诸子百家的著作，还有名人杂书

绿色代表春天
红色代表夏天
蓝色代表秋天

论语 孔子：这是我学生记下来的我与弟子的言行！
孟子 孟子：给你稿费了吗？
诗经
资治通鉴
宋史
史记 司马迁
茶经：茶也可以治病哦！
伤寒杂病论：医学轻松救世界！
齐民要术

不行！你们不能上来。

《红楼梦》
《水浒传》
《西游记》
《三国演义》

东坡全集
苏轼

李太白集
李白

杜工部集
杜甫

褐色代表冬天
蓝色代表文学作品集

《四库全书》可不是一本书，小说只是些胡编乱造的话，虽然收录进大名著，却并没有收录进《四库全书》。

《四库全书》可不是一本书，清朝的乾隆皇帝请他的大臣纪晓岚等人，把当时全天下所有好书收集起来，按照"经、史、子、集"四个类别，整理成一大套书，就叫《四库全书》。

全套《四库全书》一共包含 36000 余册图书，超过 2600000 页，约 800000000 字。

把书页连起来，可以给我当皮带了！

从清朝流传下来的《四库全书》一共只有四套，文澜阁的这套便是其中之一，当年它险些在清朝太平天国运动中毁于战火。

1851—1864年，农民发起的试图推翻清朝的斗争。

幸亏杭州的丁申、丁丙兄弟发现文澜阁散佚的书卷，连忙收捡，运回丁氏祠堂修复，这才保住了《四库全书》。

老杭州有"惜字"的风气——百姓不轻易糟蹋写过字的纸。

Wolly，可不能乱扔书页！

这不是文澜阁的《四库全书》吗？

丁氏兄弟沿街收购残页、书本，收回了8000多册。后来，兄弟俩又从江南各大藏书楼借书，雇了100多人抄写，花了11年时间，终于补齐了《四库全书》。

西泠印社
líng

西泠印社在孤山西边的山脚下，是印章爱好者交流篆刻经验的地方。

刻着文字、图案，用来印下特殊标记的文具。

请出示身份证。

给你我的印章。

朕的印章？那叫"玉玺"！

为了方便系绳子，人们在印章上做了一个凸起的环，叫作"印纽"。

秦始皇规定只有皇帝的印才能叫"玺"，能够用玉制作，大臣的印只能用金、银、铜来做。

印章有很长很长的历史，战国和秦朝时，官员必须随身系佩印章，作为自己身份的象征。

后来，凭借优美的线条、飘逸的笔法，印章成为文人钟爱的艺术品。作为主人审美趣味的体现，印章上会刻姓名字号、吉祥话语、花鸟图案……就像我们的个性签名一样！

刻一枚印章要会写漂亮的书法，还要有力气跟石头"较量"！

第一步
在纸上设计印稿。

第二步
用砂纸把石头上的包蜡磨掉。磨时要前后运动，保证平整。

砂纸

用笔杆在上面滚动，拷贝纸上的字迹就会沾在印章上。

第三步
把印稿上的字描在拷贝纸上，反过来贴在印上，用水沾湿。

刻刀

第四步
把石头固定在印床上，刻刀刀身与石头成 45° 夹角，刀尖切下小三角形的刻痕，沿着墨迹，一刀接一刀刻下去，连起来成为笔画。

印床

第五步
钤印，印章沾上印泥后，均匀地用力，盖在纸上。

为了使印出来的字是正着的，印章上的文字都是反过来刻的。

这枚印章上的字真是大实话！

想一想，如果要盖出右边这样的 Wolly，应该在印章上刻怎样的图案呢？

请你在方框里把它画出来吧！

根据字形猜一猜，Wolly 的印章上写的是：

你们看出来这只肥蜗牛的印章上写了什么吗？简直不把我放在眼里！

你是威武，不是帅，嘻嘻……

印纽

起初是为了给印章系上绳子，方便随身携带而设计的，后来，人们在上面雕刻各种象征吉祥的动物，比如龙、麒麟、龟等来装饰印章。

灵隐寺

杭州著名的灵隐寺在 800 多年前就很出名了!

仙人，我来自印度，你来自何方？

都是寺庙的意思。

南宋的皇帝曾经发起过"五山十刹"的寺庙评选活动，灵隐寺凭借悠久的历史和超大的规模位列当时全国寺庙前五强！

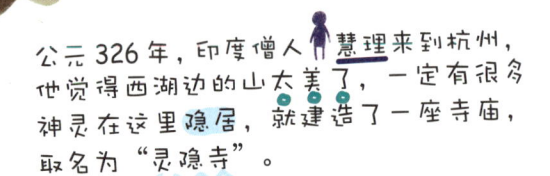

公元 326 年，印度僧人慧理来到杭州，他觉得西湖边的山太美了，一定有很多神灵在这里隐居，就建造了一座寺庙，取名为"灵隐寺"。

吴越王钱弘俶时期，就有3000多名僧人在我这里修行啦！

临安径山寺、灵隐寺、净慈寺

"五山"的偶像们，可以给我签个名吗？

明州天童寺、阿育王寺

现在的宁波

南宋寺庙 Top5 的灵隐寺还真是与众不同——在灵隐寺里有一间在别的寺庙很少能见到的**济公殿**。

华严殿

直指堂

药师殿

大雄宝殿

天王殿

鼓楼

天王殿里到处都是道济乱扔的果皮！

济公是 800 多年前灵隐寺的一个和尚，人们都说他是一位活佛，是天上**降龙罗汉**转世。

哎哟，他哪里有神灵的样子嘛——整天穿着破衣服、破鞋子，戴着破帽子，拿着把破扇子到处晃荡，也不常见他**念经打坐**。

济公殿

更要命的是他还总是喝酒吃肉！

师父师父，这个月投诉道济的信都有这么厚了，快把他赶走吧！

佛门广大，难道容不下一个疯疯癫癫的道济吗？

→ 济公的法名

师父，道济又犯戒了！他吃了隔壁王婶家的鸡！

钟楼

↳ 慧远禅师
济公的师父

79

不能饮酒　　　　不能吃肉

南北朝时的皇帝

出家人怎么能喝酒吃肉呢？！梁武帝时，僧人就被规定要戒断酒肉，否则要受到惩罚。难道济公仗着自己是神仙就可以"为非作歹"？！

济公真是活菩萨，怎么可以打他呢！

前两天济公还用几滴眼泪就帮我找到了失散多年的女儿。

济公救了我们全村人的性命，你误解他了！

一天,济公又干坏事了。他把灵隐寺旁村里新娶的媳妇抢走了!这下可乱套了,全村人都骂骂咧咧地追着济公跑,一直追到了村外。

就在大家追得上气不接下气时,远远地看到天上掉下来一座山峰,不偏不倚正压在了村庄上!大家这才知道济公是算到了有山峰要飞来,故意抢媳妇来救大家的命呀!

出家人怎么做这么缺德的事?!

他人修口不修心,唯我修心不修口。

内心美,才是真的美!

有话好说!好好说!

济公的师父慧远禅师圆寂后,济公被赶到了杭州净慈寺。

> 佛教中"去世"的意思。

一天,一只妖精放火烧毁了净慈寺。

这怎么办呀!

我就说那个姑娘是火蜘蛛变的,你就是不听我的!

只见济公"嗖"地一变,就从净慈寺的古井里捞出了一堆巨大的木头,重新建起了净慈寺。

哎呀,井里怎么可能有木头,天下哪有什么妖精,山峰怎么可能会飞呢?这些传说,都是人们编的吧。

事实上，济公只是南宋一个普通的和尚，他没有什么神能，或许是因为他总是乐于助人，做了太多好事，百姓们都太喜欢他了，给他编了这么多故事，甚至把他变成了活佛！

姓　　名：李修缘　　　　　　法　　名：道济

生卒年：1148—1209

居住地：灵隐寺、净慈寺

爱　　好：吃肉、喝酒，帮助穷人，写诗、作画

所获奖项："感动大宋"年度人物
　　　　　第一届"临安好人"评选活动第一名
　　　　　"灵隐杯"书画比赛一等奖
　　　　　泰和酒楼"我是大胃王"竞赛肉食组第一名

年度人物

500年后，我也会成为一个传说吧？想想就激动呢。

做好事就能像神一般存在吗？

"从前有一只小蜗牛，他是天上超人星转世，能够在一天之内环游世界，把天下有意思的事，告诉所有小朋友。"

灵隐寺旁的**飞来峰**，就是人们传说济公抢新娘时飞来的那座山峰。其实，这座山峰很早很早以前就在这儿了，当初慧理禅师觉得这座山峰特别像印度的灵鹫山，就像是灵鹫山飞过来了一样，所以就给这座小山取名"飞来峰"。

Hi，我是观音菩萨。

Hello！我是佛！

可以从衣服看出我们的区别！

你们都是佛教中的神灵吗？哎，我怎么区分你们呀？

肉髻
突起的一个肉球，上面有头发。

螺发
佛身上的毛发都是向右旋转的，头发像是一个个小田螺一样。

佛的衣着简单朴素

化佛冠

璎珞

天衣

菩萨的衣服华丽繁复

别看飞来峰只是座矮矮胖胖的小山，但是山上藏着300多处佛、菩萨、罗汉的石像呢！

因为那个时候的人们相信，造佛像可以积累功德，消除罪业，所以上自皇室下至百姓，都乐于出钱、出力修造佛像。

飞来峰上雕造的罗汉是全国石窟里数量最多的。其中最有名的，要数布袋和尚和<u>十八罗汉</u>造像了。

↳ 佛的十八位很厉害的僧人弟子

哈！

厉害！

多大人了，还玩火。

乖，别动。

嗷呜！

托火罗汉

伏虎罗汉

他们有的在讨论佛法，有的"呼啦"一下变出一团火焰……惟妙惟肖，简直是石头精！

托塔罗汉   降龙罗汉

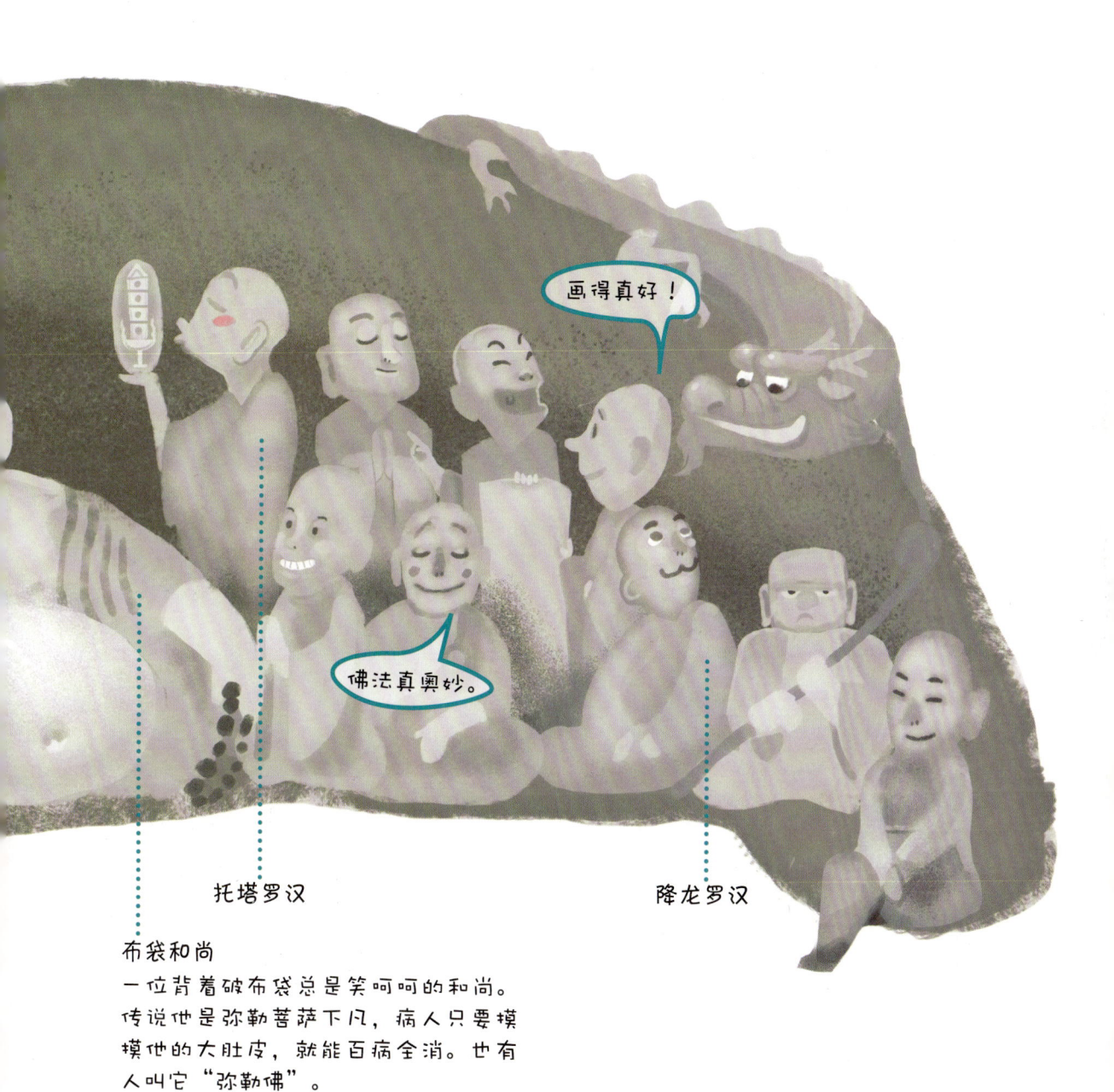

布袋和尚
一位背着破布袋总是笑呵呵的和尚。传说他是弥勒菩萨下凡，病人只要摸摸他的大肚皮，就能百病全消。也有人叫它"弥勒佛"。

敦煌莫高窟

天水麦积山石刻

要不是及时给我做了"美容"，我可"没脸"见人了！

数量众多、雕刻得如此栩栩如生的石刻造像在南方并不多见，飞来峰石窟造像群可是江南了不起的艺术珍宝呢！

重庆大足石刻

"我们北方石像保存得就是好!"

大同云冈石窟

"我保养得还不错!"

洛阳龙门石窟

北方气候干燥,石像坐在洞窟里,不受风吹雨淋,佛像上的色彩甚至能保存几百年。

杭州飞来峰石窟造像群

毕竟,南方大部分地区的石像,不是起皮掉得一块一块的,就是身体都碎裂了!

因为南方并不适合保存石像。南方天气潮湿，树根、藤蔓长得特别快，一不留神，就会扎到石像的身体里，把石像弄裂了。

城市里，汽车尾气中的氮氧化物、烧煤工厂排放的二氧化硫等，升到空中，抱住了水蒸气，再落下来，就变成了含有硫酸和硝酸的酸雨，会溶解腐蚀一些建筑材料。

城市还有 **酸雨**，落在石像上，时间一久，石像就像毁了容，鼻子、眼睛全都不见了！

不过不用担心飞来峰石像啦！杭州的专家已经给饱经风霜的它们涂上了特殊的防护材料，即使下过雨，雨水也能很快流走，石像的脸干干爽爽，舒服极了！

CHAPTER 04

古今变奏曲

移动支付、城市大脑——高科技让杭州成为生活最便利、幸福指数最高的城市之一。杭州城里到处都能看到悠久历史的印记，四千多年前的良渚文化、来自南宋的瓷器，好像离我们都不遥远。杭州，是一首古老与现代碰撞的变奏曲！

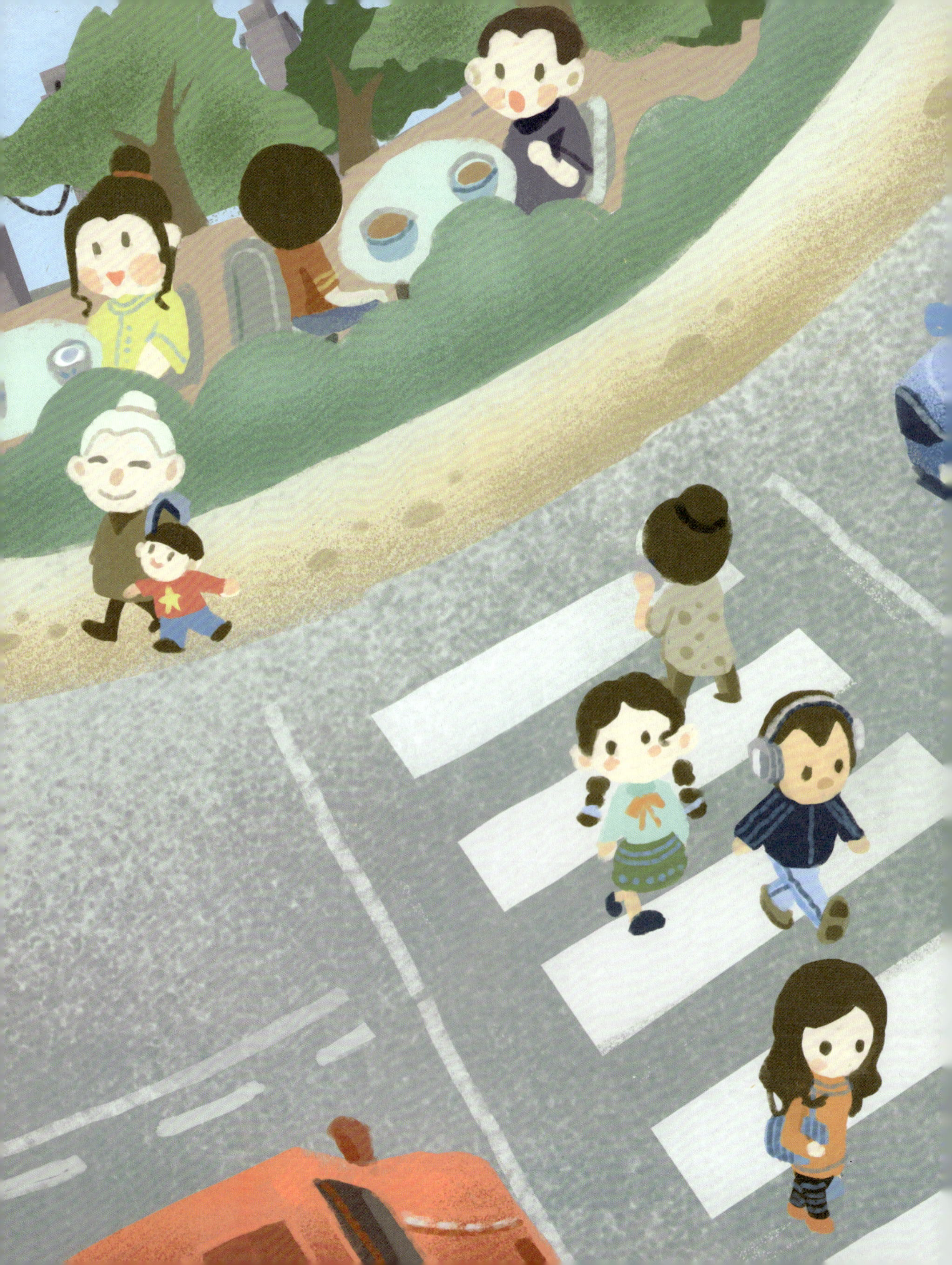

在杭州的路口,汽车大爷都会"有礼貌"地让行人先走。

幸福感第一

杭州已经连续11年被评为"最具幸福感"的城市了!人们在西湖边悠闲地喝个茶,汽车在马路上不慌不忙地等待行人过马路,这就是杭州人的生活!

> 马上就可以吃到片儿川啦!

悠闲的杭州生活里，当然少不了一碗片儿川。对了，杭州话里有好多奇怪读法的"儿"：杭儿风、小伢儿、姑娘儿、猫鱼儿……

把笋片、猪肉片、雪菜在水里氽熟后浇在面上。

读作"cuān"，把食物放在水里稍微煮一煮的意思。

跟风

小朋友

很小的鱼

代表"飞来横祸"

飞来肉圆儿

片儿川，我要把你吃掉！

刺血儿

刺猬

杭州话里的"儿"这么多，是因为南宋时，原本住在北方的大臣、百姓跟着皇帝一起把家搬到了杭州，他们和原来的杭州人生活在一起，慢慢地，杭州话里就融入了北方话里常用的儿化音。

Wolly 小心！

姑娘儿
小姑娘

哪来的蜗牛，吃我辣其儿一招！
辣椒

南宋官窑博物馆

烧制专供皇帝使用的瓷器的窑口。

我大唐最繁华！

我元朝地盘最大！

论生活的品质感，你们怎么比得上我大宋？

南宋的印记还留在杭州的博物馆里。南宋的皇帝虽然丢了半边国土，但是享受的劲头可一点儿也没丢，衣食住行，依然还是要用最好的。

南宋官窑青瓷花口壶

在南宋官窑博物馆，能看到 800 多年前烧制的、专供皇帝使用的瓷器，它们大多有粉青釉色的身体，还要假装成碎了的样子！

瓷器　　　　陶器

紫口
瓷器上口沿的地方隐约透出紫色。

粉青釉色
拥有像玉一样苍翠欲滴、温润柔和的颜色和质感。古人认为，最完美的人格，就是像玉一样温和含蓄又坚硬不屈。

开片
瓷器表面有一条条裂开的纹路。宋人觉得裂纹有最天然的装饰效果，显得清新淡雅。有蟹爪纹、冰裂纹、百圾碎等样式。

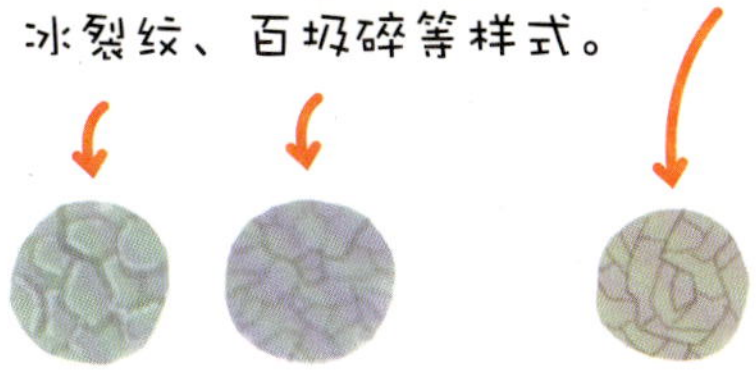

铁足
瓷器底下边沿无釉处有着像铁一样的褐色。

用高岭土混合瓷石、石英石等别的原料制成，看上去是半透明的。

用一般黏土制成，看上去不透明。

烧制温度
1280～1400℃

烧制温度
800～1100℃

硬度很高，用普通的钢刀很难刻出痕迹。

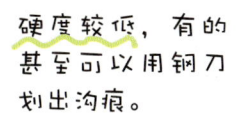

硬度较低，有的甚至可以用钢刀划出沟痕。

博物馆里的瓷器都是用看上去很不起眼的瓷土做的，它们经过锤打、火烧，才能从平凡的泥土变成晶莹剔透的瓷器。

我要做一个漂亮的小碗！

把瓷石和高岭土混合，

揉揉揉揉揉，把泥里的空气排出来，

把泥做成想要的样子之后晒干。

上釉的时候，一只手用一根顶端弯曲的棍子托住碗底，另一只手压进碗里，将碗整个浸入釉彩缸。

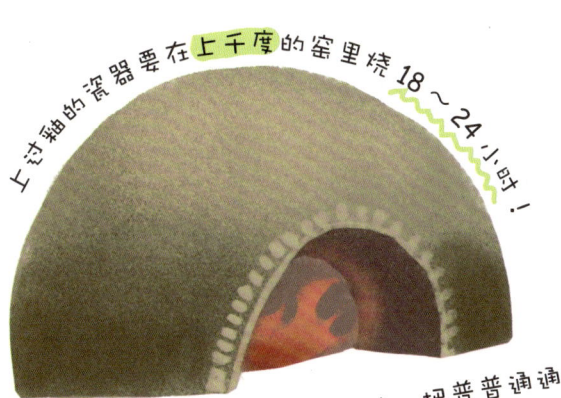

上过釉的瓷器要在 上千度 的窑里烧18～24小时！

火焰像施展了魔法，把普普通通的泥土变成了漂亮的瓷器！

呼！儿子做的瓷澡盆真不错！

瓷器的颜色不同，是因为添加了不同的材料。

氧化铁＋瓷土泥浆＝青色釉

孔雀石＋瓷土泥浆＝红色釉

釉

将瓷土加水，搅成泥浆，再加釉灰、着色剂。附着在瓷器表面的釉经过高温会变得晶莹剔透，浮现出不同的颜色。

宋朝一共有**五大名窑**，除了专为宫廷烧制瓷器的官窑，还有汝窑、哥窑、钧窑、定窑，生产的瓷器都很精致。

汝窑

现在还能看到的汝窑瓷器只有 **67件半**，大多都收藏在顶级博物馆里。广东省博物馆收藏有半件北宋汝窑瓷器。

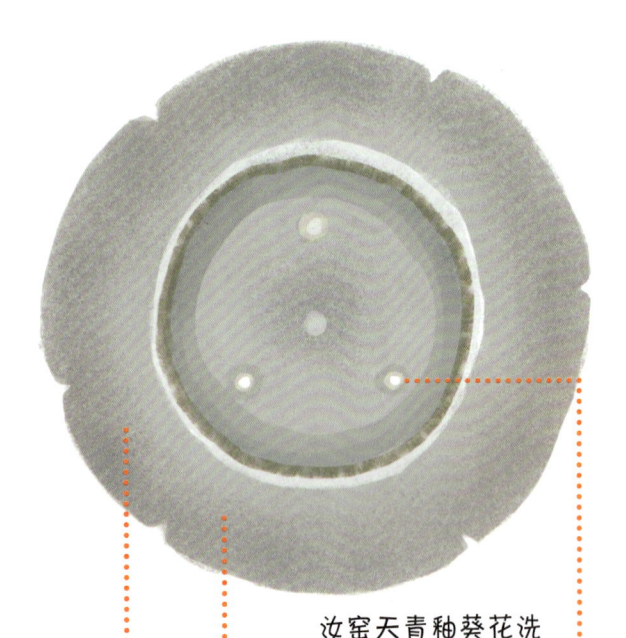

哥窑

以前有一对兄弟，他们烧的瓷器特别漂亮，哥哥烧的瓷器就叫哥窑瓷器。

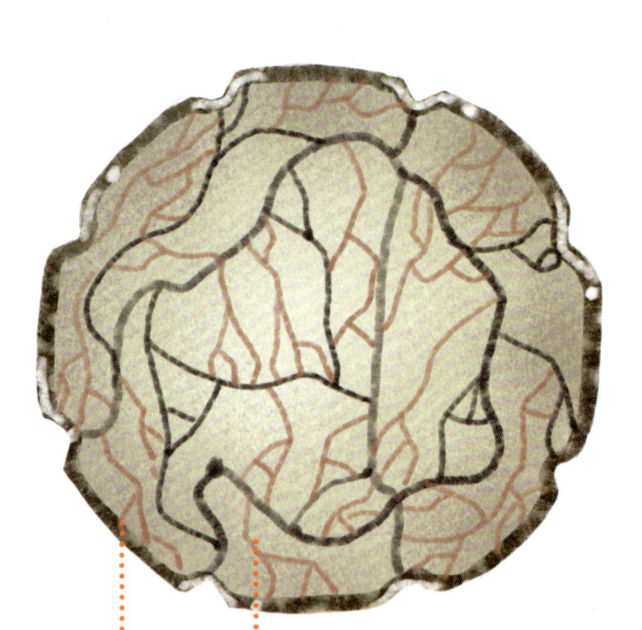

汝窑天青釉葵花洗
私人收藏

哥窑金丝铁线碗
私人收藏

天青色就像**雨过天晴后**的天空一样清澈。

表面温润，像是有一层油一样。

底部有标志性的**芝麻钉**，因为汝窑烧制时会把瓷器架在架子上，底部就会留下像芝麻一样小的印记。

表面有一层光泽，摸上去滑滑腻腻的，像是流过汗的皮肤一样。

开片
表面黑色的裂纹中间有金色的细小纹路，这种开片被叫作"**金丝铁线**"。

和我的茶叶蛋好像呀！

102

钧窑
瓷器的颜色特别绚丽。

定窑
定窑瓷器中最特别的要数白瓷了！它们大多表面富有光泽，通体雪白，看上去像是白玉一样。

宋钧窑玫瑰紫釉葵花式花盆
现藏于北京故宫博物院

定窑白釉刻花花卉纹凤首盘口壶
现藏于上海观复博物馆

103

浙江省博物馆

玉琮王是浙江省博物馆的镇馆之宝，它是良渚人的宝贝，已经有 4000 多岁了！

四五千年前，良渚人生活在杭州地区，他们建造了广阔的城池和雄伟的大坝。

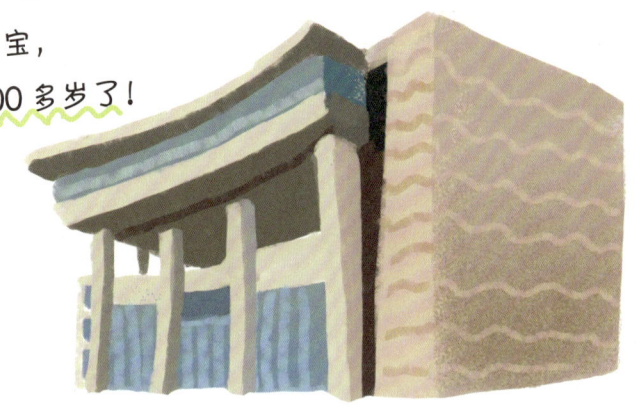

它的外形是方形的，中间有个贯穿整体的圆孔，看上去矮墩墩的。人们把它称作玉琮王，是因为它是迄今发现的所有玉琮中最大、最重、纹饰最精美的。

喂，有人吗？

良渚人常常通过祭祀神灵来寻找问题的答案和解决办法，他们认为玉器是与神灵沟通的媒介，就像是和神灵聊天的电话机一样。

苏美尔人发明了楔形文字。

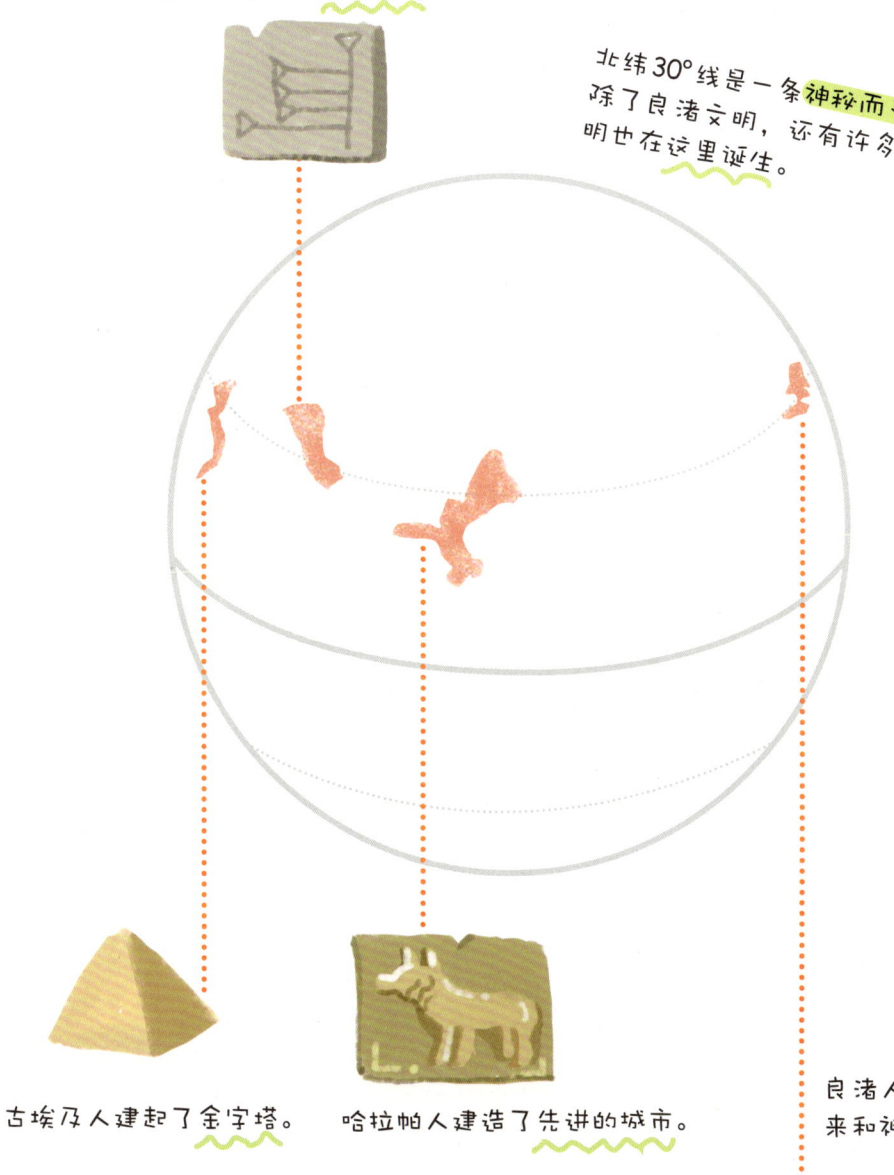

北纬30°线是一条神秘而又奇特的纬线，除了良渚文明，还有许多人类古老的文明也在这里诞生。

北纬30°

古埃及人建起了金字塔。

哈拉帕人建造了先进的城市。

良渚人制造了各种各样用来和神灵沟通的玉器。

良渚文化神人兽面纹玉三叉形器

良渚文化玉璧

良渚文化双孔玉钺 yuè

现均藏于良渚博物院

玉琮王上面刻着奇特的神人兽面像。

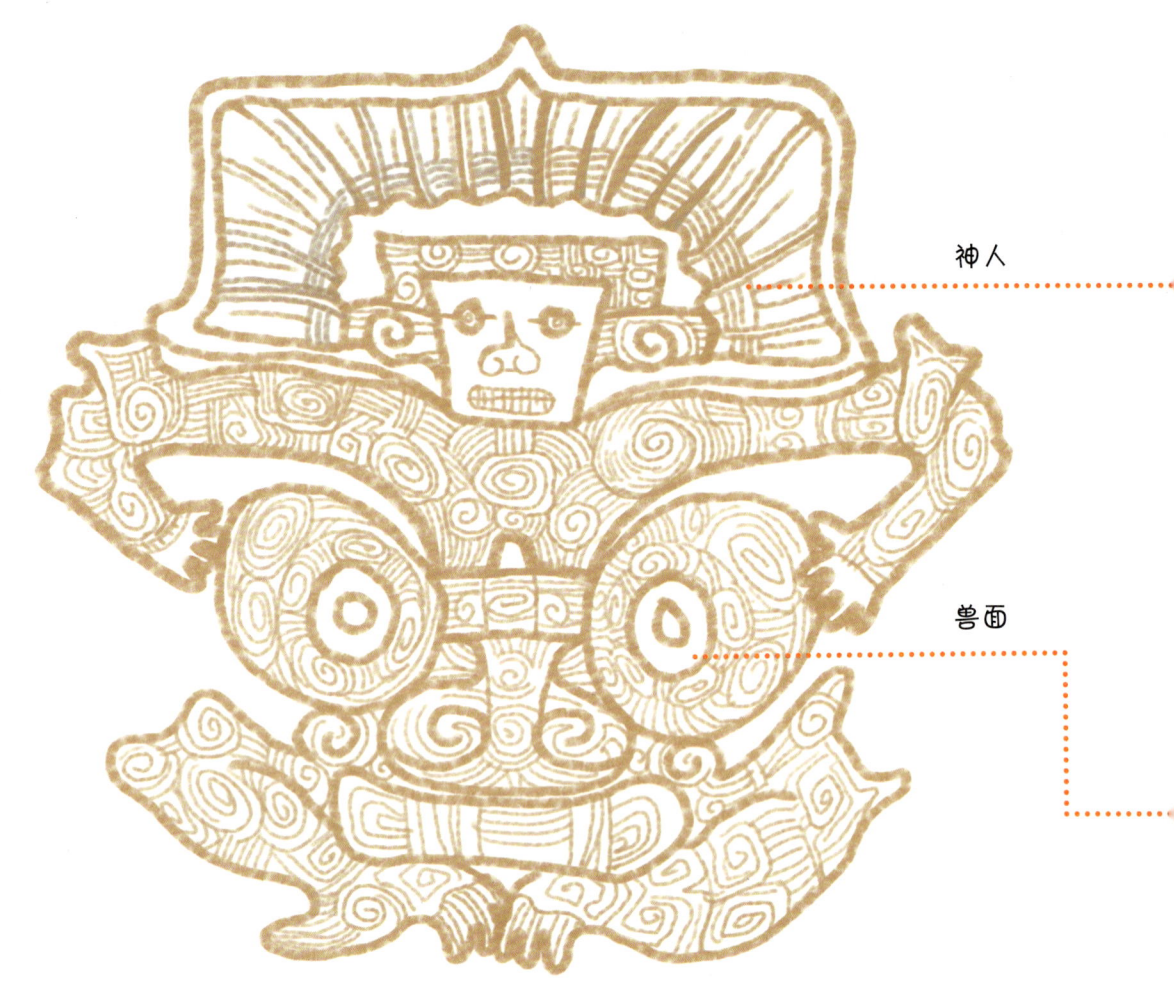

神人

兽面

在不同的玉器上，神人兽面纹有着不同的样子。

在柱形的玉器上，神人兽面纹慢慢演化，只留下上面的神。

在扁扁的玉器上，神人兽面纹变成了只有大眼睛的兽面。

有人说，这是良渚人的神徽，描绘的是神的样子。

也有人说，这个纹饰描绘的是巫师骑着一头可以飞天的神兽。

浙江省博物馆里，还有元代著名画家 黄公望的《富春山居图》之《剩山图》。

《富春山居图》描绘了初秋时节杭州富春江两岸的风光。画家飘逸的笔法，错落有致的构图，使这张画跻身中国画的Top10！

画面上的空白代表水和天，给人以水天一色、烟波浩渺的空旷感。

树木越来越少，展现了季节的变化。

108

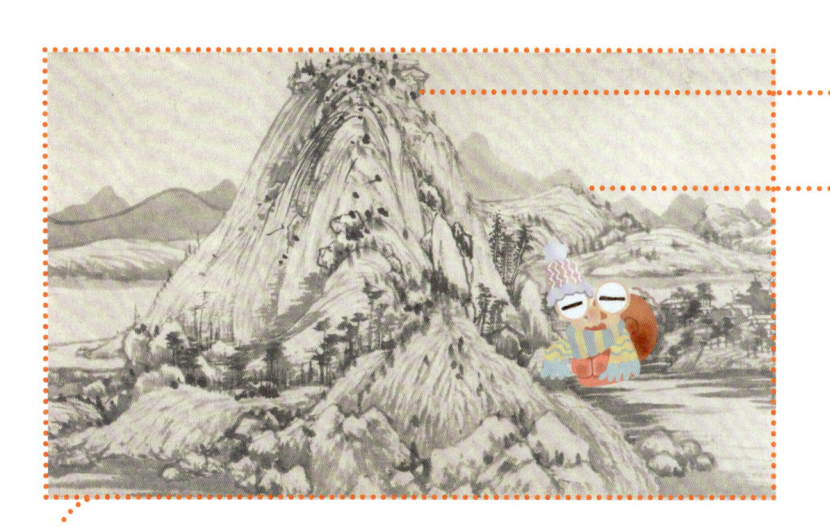

近处的山峰勾勒得特别细致，显得气势雄伟。

远处被雾色笼罩，显得朦朦胧胧。

原本有近 7 米长！

明代末年，《富春山居图》的铁杆粉丝吴洪裕实在太爱它了，去世前想要把画烧掉陪葬。幸好，他的侄子奋不顾身把画救了下来，但是画却断成了两截。

浙江省博物馆里收藏的是前一段《剩山图》，而后一段《无用师卷》则收藏于台北故宫博物院。

树木丰茂

109

用手机付钱的方式

现代的杭州可是全球最大的移动支付城市之一，走遍杭州，不管是坐公交，还是买零食，只要手机扫描二维码就全搞定了，完全用不着"花钱"！

没有二维码的时候，我们买东西可没有这么简单。

不知道人家愿不愿意用棒棒糖换猪？

最早的时候，原始人只能用物品交换自己想要的东西。

秦始皇统一六国，让天下人都用同一种钱币——秦半两，方便各个地方的人买卖东西。

哎，买卖还没做，又搭进去一头驴。

带这么多钱，是要累死我吗？

半两重的铜钱

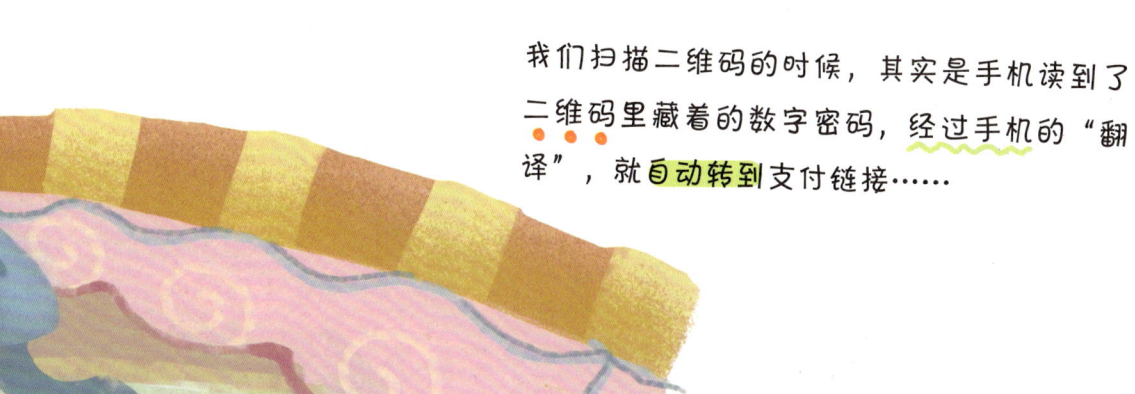

我们扫描二维码的时候，其实是手机读到了二维码里藏着的数字密码，经过手机的"翻译"，就自动转到支付链接……

爸塞螺棒棒糖，批发零售，扫码支付！

北宋的时候，四川一些商人用上了纸币——交子，它是世界上最早的纸币，可比金属做的钱轻多了！

没带钱还来买棒棒糖？

老板，二维码在哪里？我可没带钱！

二维码不只可以连通支付链接，这小小的方块还能储藏文字、图片、音乐信息……人们都说二维码是互联网时代最神奇的发明之一！

二维码上的三个扫描定位点

所谓的二维，就是从横、竖两个方向上都能包含信息。

二维码的秘密就在于这一个个黑、白小方块，黑方块代表1，白方块代表0。许许多多的黑白方块按照不同的顺序组合起来，变成不同顺序的1、0密码，就可以代表不同的内容。

所以，全世界可没有完全相同的两个二维码哦！

比二维码更早发明出来的条形码上也藏着数字密码。条形码是用黑白相间的条纹代表特定的信息，但是它只能在一个方向上蕴含数字，属于一维码，也是二维码的哥哥！

斑马先生，你是二维码和条形码的老祖宗吗？

扫描定位线

"云"城市

杭州还是个"云"城市。"云"就像是在我们的电脑、手机上装了一个<u>哆啦A梦的四次元口袋</u>,只要有网络,我们就可以随时随地往它那里存储大量文件。

比如网盘,就是云储存空间。

同时也可以随时随地从"云"里提取文件、接收邮件、收听在线音乐。

"云"让我们再也不用随身携带巨大的收音机和文件包,生活变得<u>特别方便</u>。

江、河、海洋等蒸发的水分，还有植物蒸腾作用产生的水分，这些水分以水蒸气的形态飘向空中。

水蒸气比空气轻，飞向高空，遇到冷空气后，水蒸气又凝结成水珠，它们积聚在空中就成了肉眼可见的云。

这种随时随地上传和提取信息的方式，跟大自然中飘浮不定的云很像，所以这种技术也被称为"云"技术。

115

"云"技术给杭州装上了一个能够超高速处理信息的**城市大脑**。

有着"千里眼"的"城市大脑"能发现路上的交通事故,迅速呼叫附近的交警过来处理。

"城市大脑"时时刻刻盯着杭州的几万个摄像头,根据路况随时调整红绿灯的时间长短。

有人说，借助"云"技术的计算能力和规划能力，未来的城市可能只需要今天十分之一的土地、十分之一的水资源，甚至十分之一的电力，就能让大家过上更好的生活。

赶着抢救病人的救护车每一秒都宝贵得不得了！"城市大脑"能够为救护车选择一条最通畅的道路，保证一路绿灯，节省一半的时间。

未来的杭州会是怎样的呢？

蜗乐居工作室

喵
视觉总监

Jun jun
内容总监

Boss
主编

阿齐
插画师

萌萌
插画师

阿阳
插画师

小郭郭
脚本设计 & 文案